KB265572

CEO를 위한 진짜 몰입법
1분 창의력
우제용 지음
달샘북

　나는 '아이디어'가 참 많은 사람이라는 이야기를 듣는다. 나는 내가 똑똑하거나 지혜롭다고 생각하지는 않는다. 다만 여러 가지 문제 상황에 대한 해결책을 쉽게 생각해낸다는 점에서는 어떤 능력 같은 게 있다고 생각한다. 사람들은 그 능력을 창의적 문제 해결력 또는 창의력이라고 부른다.

　내가 언제부터 창의력을 지니게 되었는지는 알지 못한다. 대신에 내가 어떻게 아이디어를 만들어내는

지를 설명할 수는 있다. 이 책에서 이야기로 풀어 설명하는 방법을 따라하여 익숙해지면, 내가 그랬듯이 어떤 사람들은 1분 만에도 참신한 아이디어를 만들어 낼 수 있을 것이라고 믿는다. 설혹 1분 만에 창의력을 발휘하지 못하더라도 창의력이 커질 것은 분명하다.

이 책이 창의력을 발휘하는 것이 어렵지 않으며, 누구나 제대로 된 훈련만 하면 창의력을 발휘할 수

있다는 것을 많은 사람들에게 알려주는 재료가 되기
를 바란다. 또 많은 이들이 창의력을 발휘하기 위한
지침서로 이용하기를 바란다.

2010년 4월

우 제 용

차 례

생존 문제

생존 문제

태진은 오늘도 '하루를 어떻게 넘길까?'라는 생각
에 심장이 무거워진다는 느낌이 들었다. 할 수만 있
으면 이 세상에 대한 모든 인연을 끊고 싶었다. 그는
잠시 지갑을 꺼내어 가족사진을 들춰 보았다. 이제
갓 고등학생이 된 딸, 그리고 이제 막 초등학생이 된
늦둥이 아들, 자신을 위해 헌신하다시피 살아온 아
내. 태진은 조용히 사진을 창가에 내려놓았다. 그리

고 창 밑을 바라보았다. 그의 두근거리는 심장이 그에게 계속 경고를 보내왔다. 그는 주머니에서 전화기를 꺼내 창가에 조용히 내려놓았다. 그리고 그가 주머니에 있던 다른 것들을 꺼내려는 찰나, ‘드드드득’ 하는 소리를 내며 전화기가 요란하게 진동을 했다. 한 번만 울리는 것으로 보아서 문자가 온 것이라고 태진은 생각했다.

‘하지만 무슨 소용이야.’

태진은 자신의 마음을 다그쳤다. 태진은 왠지 모르게 전화기로 가는 눈길을 사로잡아 창 밑을 바라보게 했다. 그래도 소용이 없었다. 인연의 끈을 놓쳐서는 안 된다는 무의식의 발악이 계속되었다. 그는 자신도 모르게 전화기를 든 그의 손을 발견했다.

‘아빠, 일찍 들어오세요. 오늘이 아빠 생신이잖아요.’

그는 딸이 보낸 문자를 발견하였고, 퍼뜩 정신이 들었다. 무의식의 세계에서 의식의 세계로 옮겨진 태진의 눈빛이 맑아졌다. 그에게 새로운 빛을 준 것은 딸아이가 보낸 문자였다. 그는 그것에서 살아야 할 이유를 발견했다.

'그래, 아직 다 자라지도 못한 꽃의 희망을 꺾어 버릴 수는 없지.'

태진은 마음을 다잡으며 휴대전화를 다시금 쥐었다. 그리고 그동안 받은 문자들을 살펴보았다. 대출금이 연체되었다는 문자, 카드가 연체되었다는 문자, 직원들에 대한 국민연금 납부액이 체납되어 가압류 조치를 취한다는 문자 등, 온통 우울한 문자들뿐이었다. 하지만 모든 회색 문자들 속에서도 딸이 보낸 문자는 무지갯빛을 보여주는 듯 했다.

'그래, 이게 내가 살아야 할 이유야. 내 아들과 딸 그리고 아내를 위해서라도 내가 여기서 무너질 수는 없어.'

태진은 전화기에 저장된 지인들의 전화번호를 뒤

지기 시작했다. 혹시라도 자신에게 급한 자금을 빌려
줄 사람은 없는지를 애써 찾았다. 그러고는 연락 가
능한 모든 사람에게 전화를 했다.

"기주냐? 어, 나 태진이. 저기 미안한데 나 좀 도와
줄 수 없냐?"

"무슨 일인데?"

"응, 내가 급해서 그러는데 잠시 돈 좀 빌려다오."

"……."

그렇게 수십 명의 사람들에게 연락을 했지만 다들
사정이 있다며 돈을 빌려줄 수 없노라고 하였다. 태
진은 다시 희망의 끈을 놓아버릴까 하는 생각을 하기
시작했다. 그때 전화번호부 목록에서 한 사람의 이름
이 눈에 띄었다.

'박민수!'

박민수. 그는 지난 3월의 위기 때에도 현명한 조언
으로 태진을 살려주었다. 직원들과의 불화와 자금 문

제에 대해서 그는 이렇게 말했다.

"형님, 마중물이라는 것 아시죠? 우리 어릴 때에는 펌프로 물을 길어 먹었잖아요? 그때마다 펌프에 한 바가지 물을 부어야 물을 길을 수가 있었잖아요? 마중물은 그렇게 다른 물을 길을 수 있게 하는 소중한 존재였죠. 지금 형님도 마중물을 먼저 주세요. 한 바가지 분량의 기도를 하나님께, 한 바가지 분량의 미소를 직원들에게 주세요. 물이 콸콸 쏟아질 때까지."

그의 조언대로 실천한 덕분인지는 몰라도 태진은 4월과 5월 그리고 6월에 걸쳐서 어느 정도 위기에서 벗어날 수 있었다. 하지만 하반기에 들어와서 그의 회사는 다시 어려움이라는 이름을 지닌 사막으로 들어가 버렸다. 기대했던 납품 건들이 직원의 실수와 거래처 사정으로 취소되었기 때문이다. 매출을 기대하고 미리 발행했던 어음과 수표들이 태진의 목을 겨누기 시작했다.

"이 사막에서 살아남는 법을 민수가 가르쳐 줄 수 있을까?"

그는 민수에게서 다시 현명한 조언을 얻기를 바라고는 바로 전화를 했다.

"민수? 시간 있으면 사무실로 한 번 놀러올래?"

"아, 예. 형님이 부르시면 언제든지 달려가야죠."

태진은 자신의 사정을 애써 드러내지 않으려고 애쓰며 목소리를 가다듬고 차분히 말했고, 민수는 늘 그랬던 것처럼 너스레를 떨며 반가워했다. 태진은 통화가 끝난 뒤에 내려놓았던 가족사진을 다시 집어 지갑에 끼웠다.

"만약 이번에도 해결책이 발견되지 않는다면……."

태진은 다시금 가족사진을 창가에 내려놓는 일이 없기를 바라며, 민수에게서 무언가 뚜렷한 해결책 같은 것을 얻을 수 있어야 한다고 생각했다.

그리고 그날 저녁, 태진은 회사 상황을 감춘 채로 해결책을 얻기를 바랐지만, 민수의 경청하는 태도와 진지함에 이끌려 점점 더 많은 속사정을 이야기하다가 결국 모든 사정을 털어놓고 말았다. 민수는 말없이 태진의 이야기를 들어주었다. 순식간에 두 시간이 흘렀다. 그리고 민수가 무겁게 입을 열었다.

"형님, 제게 돈은 없지만 형님의 자금 문제를 해결할 아이디어를 만들어 드릴 수는 있겠습니다."

민수는 그렇게 말하고는 뜬금없이 태진 회사의 상품과 관련된 모든 자료를 지금 바로 제시해 달라고 하였다. 태진은 혹시 무슨 해결책이라도 나올까 싶어서 서둘러 각종 제안서와 기술설명서 그리고 영업용 자료들을 모두 가져다 민수에게 주었다. 민수는 두 시간여 동안 말없이 그것을 살펴보았다. 태진은 내내 긴장하며 다른 업무를 처리했다.

그리고 민수가 다시 태진을 불렀을 때 태진은 민수

의 눈빛에서 무언가 희망 같은 것을 발견했다.

"형님의 회사에서 만든 영어 학습 콘텐츠가 훌륭하기는 하지만, 시장이 좁습니다. 성인만을 대상으로 하고 있으니까요. 마침 초등학교 영어 교육의 열풍이 불고 있으니 그쪽을 대상으로 하여 상품을 다시 포장하는 것이 좋을 것 같습니다. 그리고 이번에는 소프트웨어만 판매하지 말고, 턴키방식으로 영어 교실 자체를 하나의 상품으로 만들어 판매하는 것이 좋겠습니다. 그러니까 축소판 영어마을을 각 학교에다 설치하자는 것이죠. 단, 영어마을과는 달리 재밌는 게임 방식으로 교육이 진행되도록 하자는 말입니다. 그래야 매출도 올라가고, 고객인 학교의 입장에서도 도입하기 쉬울 테니까요. 또 그렇게 하면 형님이 애써서 개발한 교육 콘텐츠의 내용을 거의 그대로 살릴 수 있습니다."

　그러면서 민수는 곧바로 노트에 태진의 회사가 당면한 문제, 문제를 해결하기 위한 방안과 경쟁 상품 분석 등을 그려내었다. 태진이 보기에 민수는 아주 잘 훈련된 사람처럼 아이디어를 순식간에 쏟아내었다. 10분도 안 되어 민수는 한 장의 종이에 완성된 사업 기획안을 만들어내었다.

　"형님, 이렇게 컨테이너 박스 안에서 영어를 게임하듯 체험하며 배울 수 있게 하는 것은 세계 최초가 될 겁니다. 언제든 이동할 수 있으니, 학교를 옮기며 임대 사업을 하기에도 좋을 것입니다. 그리고 이런 사업구상이라면 형님이 그동안 개발한 소프트웨어를 응용하는 것이 되고, 동시에 투자자를 모집할 만한 아이디어도 될 것입니다. 또 이 아이디어로 고객용 제안서를 만들어 바로 영업을 시작할 수도 있을 테고요. 어차피 턴키방식이니 상품을 제작하는 비용은 고객이 부담할 것입니다. 형님은 그렇게 영업을 통해서 얻는 착수금을 가지고 인테리어 사업자와 키오스크 사업자에게 발주를 하면 될 것입니다. 형님이 당장 할 일은 투자 제안서와 함께 영업용 제안서를 만드는 것입니다. 그러면 바로 투자자에게 사업 설명을 하여 자본금을 조달할 수 있을 테고, 또 바로 영업에 들어가서 성과를 얻을 수 있을 거라고 생각합니다. 지금 많은 초등학교들이 어떻게 하면 아이들에게 영어를 잘 가르칠 수 있을까라고 고민하고 있는 중이니까요. 우선 비교적 재정적으로 자유로운 사립학교부터 영업을 시작해보세요."

민수가 사업기획을 마무리하듯이 이렇게 말하자 태진은 감탄했다. 그 때 민수가 한 마디 더 덧붙였다.

"형님, 많은 벤처기업들이 돈이 없다고들 아우성이지만 제 생각은 그렇지 않습니다. 세상에는 돈이 넘쳐납니다. 다만 그 돈이 흐를 자리를 만들어주지 못하는 것이라고 봅니다. 돈이 흐를 자리를 만들어 주는 것은 결국 아이디어입니다. 아이디어만 있으면 얼마든지 돈을 모을 수도, 벌 수도 있다고 봅니다. 손정의의 소프트뱅크나 휴렛 팩커드, 스티브 잡스와 스티브 워즈니악의 애플, 빌 게이츠의 마이크로소프트마저도 작은 회사였지만 아이디어를 가지고 크게 성공했지요. 제게도 자신의 전 재산과 명예를 걸고서라도 투자하겠다는 사람이 있습니다. 다만 제가 더 큰 꿈을 품고 있기에 아직 때가 아니라서 사업을 전개하고 있지는 않습니다만⋯⋯."

이렇게 말을 잇던 민수가 자기자랑처럼 흐르는 자신의 말이 과도하다고 생각했는지 말을 더 잇지 않고는 입을 닫았다. 그런 민수의 겸연쩍어하는 모습을 감춰주려고 태진은 감탄을 감추지 않았다.

"오늘 나는 사막에서 탈출하는 방법을 알게 되었어. 정말 대단해. 민수 덕에 나는 사막에서 생존할 수 있을 거야. 오늘 나는 아주 큰 선물을 받은 셈이야. 돈으로 셀 수 없는 아이디어를 얻었으니까. 아마 내가 꾸려고 했던 돈과는 비교도 안 될 정도로 큰돈을 벌어줄 수도 있을 것 같아. 물론 자본도 모을 수 있게 해 주고 말이야."

태진이 고양된 감정을 가지고 이렇게 말을 쏟아내자 민수가 분위기를 가라앉히려는 듯 차분하게 말했다.

"형님, 1차 세계 대전 중에 적진에 떨어졌다가 생존한 공군 조종사들을 연구한 토런스(E. Paul Torrance, 세계적인 창의력 연구가, TTCT라는 창의력 검사를 개발, 미국의 조지아 대학교에 그의 연구 자료가 보관되어 있다.)라는 학자에 따르면, 그들에게서 공통적으로 발견되는 것은 창의력이었다고 합니다. 다시 말해서 창의력으로 살아남았다는 것이죠. 기업도 사람과 마찬가지라고 생각합니다. 살아남으려면 창의력이 있어야 하겠죠. 형님이나 형님 회사에 근무하는 사람들이 창의력이 있었다면 이런 지경까지 오지 않았겠죠. 이제 중소기업이고 대기업이고 간에 창의력이 생존력이 되고 성장의 원동력이 되는 시대가 되었습니다. 그러니 지금이라도 창의력을 키울 수 있도록 노력해보십시오.”

태진은 민수의 지적에 가슴이 뜨끔했고, 약간은 기분도 나빴지만 민수의 말을 부정할 수는 없었다. 현실을 그대로 보여주는 말이었기 때문이다. 태진은 잠시 마음을 가다듬었다.

‘흠, 죽으려고 생각했던 내가 기분 나쁜 말 한마디를 참지 못할 이유가 없지. 딸내미가 내게 살아야 할 이유와 의미를 알려줬다면, 민수는 내게 살아남는 방법을 보여줬으니까.’

태진은 민수의 시선을 피하기 위해 고개를 숙여 사업 구상이 담긴 공책을 보면서 말했다.

“그래, 맞아. 우리가 지혜가 부족했어. 이제라도 창의력을 갖추도록 노력할게. 똑같은 콘텐츠를 가지고도 창의력을 발휘해 포장 방법을 달리하면 큰 사업거리가 될 수 있다니 참 놀라운 일이야. 그런데 어찌하면 너처럼 순식간에 아이디어를 내고, 그것을 이렇게 체계적으로 표현할 수 있는지 궁금해. 그것도 당장 사업기획서로 써도 되는 수준으로 말이야."

그러자 민수가 미소를 지으며 태진을 바라보았다. 그러고는 태진이 정말로 그것을 알고 싶어 하는지를 가늠해보았다. 하지만 태진의 표정은 진지했다. 민수는 무겁게 입을 열었다.

"형님, 제가 다소 건방지게 창의력을 갖추어야 한다고 말은 했지만, 사실 그렇게 하여서라도 형님이 창의력의 중요성에 대해서 알기를 원했습니다. 어쨌든 제 목적은 달성한 셈입니다."

여기까지 말한 민수가 잠시 말을 멈췄다. 그러고는 태진을 보며 양해를 구했다.

"형님, 지금부터 제가 하려는 말이 다소 오만하거

나 건방진 것으로 보일 수 있습니다. 하지만 창의력
에 관해서 짧은 시간에 설명하여야 하기 때문에 그런
것이니 이해해주셨으면 합니다."

"그럼! 걱정하지 말고 이야기해봐. 죽을 각오까지
한 나인데 그까짓 것은 문제가 되지 않지."

태진은 민수의 염려를 덜어주려는 듯 미소를 지어
보이며 일부러 큰 소리로 답했다. 민수는 안심이 된
다는 듯이 다시 힘을 내어 말을 이었다.

"이제부터 제가 알려드리는 방법을 잘 기억하셨다
가 꼭 활용했으면 합니다. 사막에서 살아남는 법이니
까요. 공군 조종사들처럼 말이죠. 적진에서도 살아남
을 수 있을 테고요. 그게 창의력이고, 저는 그 창의력
을 키우는 방법과 쉽게 아이디어를 내는 방법을 아주
쉽게 설명해 드리겠습니다. 이 방법을 가지고 제대로
훈련하고 문제와 관련된 자료를 제대로 숙지한다면,
뛰어난 사람은 1분 만에도 아이디어를 낼 수도 있습

니다. 물론 그때그때 상황에 따라 달라지기는 하겠지
만요.”

　이렇게 말한 민수가 태진을 다시 쳐다보았다. 태진
은 자신을 물끄러미 쳐다보는 민수에게서 ‘형님은 지
금 제 이야기를 정말로 듣고 싶으신 겁니까?’라고 묻
는 것 같은 표정을 발견했다. 태진은 이렇게 답해주
었다.

　“그래, 정말 그런 방법이 있다면 며칠 동안 시간을
내서라도 배우고 싶군. 정말 나에게는 무엇보다도 필
요한 일이니까. 앞으로도 창의력이 필요한 때가 많을
테니까. 창의력이 꼭 제품에 대한 아이디어를 내는
일에만 쓰이는 것은 아니잖아. 문제에 대한 해결책을
마련하는 것도 창의력의 일종이니까.”

　태진의 답에 힘을 얻은 민수는 태진을 안심시키듯
말했다.

　“형님, 며칠씩 시간을 비울 필요는 없습니다. 저하

고 저녁 식사나 같이 하면서 대화를 나누시죠. 아마도 한 두 시간이면 충분할 겁니다. 창의력을 어렵게 설명할 필요도 없고, 창의력을 기르는 방법이 어려운 것도 아니니까요."

그렇게 말하고는 민수가 먼저 자리에서 일어섰고 태진이 따라나섰다. 둘은 조용한 양식당을 찾았다. 느긋하게 대화하기 위해서였다. 그 자리에서 민수는 창의력을 알기 쉽게 설명하기 위해 지은 이야기라며 작은 책자를 태진에게 건넸다. 그 책자의 제목은 '미로와 진주'였다.

"아마도 5분 정도면 다 읽을 수 있을 것입니다. 이 책자에 담긴 이야기는 일종의 비유입니다."

태진은 민수에게서 넘겨받은 책을 차근차근 읽었다.

미로와 진주

미로와 진주

어떤 거대한 바다 한 가운데에 커다란 섬이 있었다. 그 섬에는 무척 큰 동굴이 있었다. 바다에서 시작된 동굴은 끝도 없이 이어졌고, 그 동굴의 끝이 어디까지인지는 아무도 몰랐다. 동굴이 미로처럼 복잡하게 얽혀 있어 한 번 그곳에 들어간 사람치고 살아서 돌아 온 사람이 드물었다. 섬사람들은 동굴을 두려워했다.

하지만 섬사람치고 동굴에 들어가기를 원하지 않는 사람은 별로 없었다. 동굴 한 가운데에는 이 세상의 어떤 것과도 바꾸기 힘든 진주조개가 있다는 전설이 전해져 왔기 때문이다. 그 조개를 가진 사람은 조개에게 명령하여 언제든 값을 헤아리기 힘든 진주를 만들어내게 할 수 있다고 하였다. 또 진주조개는 자주 진주를 만들어 토해내는데, 동굴 속에 사는 박쥐와 제비갈매기들이 그 진주를 동굴 이곳저곳에 감추어 둔다고도 하였다.

많은 사람들이 진주조개를 잡기 위해 동굴로 들어갔다. 하지만 대부분의 사람들이 동굴을 헤매다가 굶어 죽었다. 몇몇 사람들은 식량을 잔뜩 지고 들어갔지만 미처 진주조개를 찾기도 전에 미로를 헤매다 굶어 죽고는 했다. 다행히 그중 또 몇몇 사람들은 진주를 찾아 동굴 밖으로 나오기도 했다.

그렇게 진주를 찾은 사람들은 자신이 들어가고 나

온 길을 기록해 두었다. 섬사람들은 그 기록들을 책으로 엮어 도서관에 모아 두고는 누구나 볼 수 있게 하였다.

그러나 책이 동굴 속의 길을 다 보여주는 것은 아니었다. 동굴의 일부분만 보여줄 뿐이었다. 그래도 책을 읽고 들어간 사람은 최소한 책에서 본 부분만큼은 동굴 속으로 들어갔다 나올 수 있었다. 또 어떤 사람은 몇 권의 책을 완전히 기억하고는 동굴로 들어가 진주를 주워 오기도 하였다.

그럼에도 많은 사람들이 책을 보지 않고 동굴로 들어갔다. 그 중에 극히 적은 사람들은 진주를 찾아 살아 돌아왔지만 많은 사람들이 동굴 속에서 죽었다.

그런 일이 계속되는 중에 섬으로 한 소년이 들어왔다. 소년은 진주조개의 전설을 듣고는 그것을 꼭 얻고야 말겠다는 결심을 하였었다. 그러나 그 결심을 따라 섬으로 오던 중 소년이 탄 배가 암초에 부딪히고 말았다. 그래서 소년은 빈털터리인 채로 겨우 섬으로 헤엄쳐 건너왔다.

소년은 비록 빈털터리가 되기는 했지만 결심을 버리지는 않았다. 소년은 곧 섬에서 일자리를 얻어 숙식을 해결했다. 그리고 틈만 나면 동굴에 대해 물어보았다. 하지만 사람들은 자기가 알고 있는 몇 가지에 대해서만 이야기를 해줄 뿐이었다.

소년은 돈을 벌어 동굴에 대해서 잘 가르친다는 학교에 들어갔다. 소년은 열심히 공부했다. 학교를 졸업하면 진주조개를 잡을 수 있을 것이라는 희망에서였다. 하지만 학교를 졸업하고 동굴로 들어갔을 때, 소년은 학교에서 배운 것만으로는 진주조개를 찾을 수 없다는 것을 알게 되었다. 동굴이 워낙 깊고 넓고 복잡하여서 학교에서 배운 것만으로는 동굴 속을 다 알 수가 없었다. 소년은 겨우겨우 살아 돌아왔지만

크게 실망했다. 그렇다고 학교가 전혀 가치 없는 것
은 아니었다. 최소한 학교는 동굴에 대해서 쓴 책들
을 소개해 주었고, 그 책을 읽는 방법을 알려주었기
때문이다.

소년은 이번에는 도서관으로 향했다. 학교를 이미
졸업한 상태에서 동굴에 대해서 깊이 알려면 도서관
에서 책을 보는 수밖에 없었다. 도서관에 처음 갔을
때 소년은 크게 놀랐다. 소년이 학교에서 배운 모든
책의 몇 백배에서 몇 천배나 되는 엄청난 책들이 쌓
여 있었기 때문이다.

소년은 열심히 일해서 돈을 벌며 틈만 나면 도서관
으로 갔다. 그리고 엄청난 책들을 보았다. 모든 책들
은 저마다 동굴의 모양에 대한 그림과 이야기를 담
고 있었다. 어떤 책은 동굴의 입구만을 다루었고, 어
떤 책은 동굴의 입구부터 5미터 안까지, 또 어떤 책은
동굴 속 10미터 지점부터 100미터 지점까지, 또 어떤

책은 동굴 속에서 처음 만나게 되는 갈림길에 대해서 기록하였다. 아주 두꺼운 어떤 책은 동굴 입구에서 몇 개의 갈림길을 지나 다시 돌아오는 법에 대해서 아주 자세한 정보를 제공했다.

소년은 그 책들을 다 읽었다. 그러는 동안에 많은 시간이 흘렀다. 그동안에 소년은 책에서 본 내용을 참고하여 동굴의 몇 곳으로 가서 몇 개의 진주를 주워오기도 하였다. 그때부터 소년은 일하지 않고 책만 읽어도 되었다. 소년은 더욱 더 많은 책을 읽을 수 있었다. 그리고 마침내 도서관에 있는 모든 책을 읽었다.

소년은 책들에 그려진 동굴 지도를 생각하며 그 지도들을 서로 맞추어 연결하려고 애썼다. 그런데 어떤 지도들은 서로 잘 맞아떨어지기도 했고, 어떤 지도들은 서로 맞지 않았다. 그래도 소년의 노력으로 조각난 지도들이 많이 연결이 되었다. 그래서 소년은 동굴에 대해서 더 많이 알게 되었고, 소년은 그렇게 연결하여 만든 지도를 가지고 동굴 속에 더 깊이 들어가 더 많은 진주를 가지고 나올 수 있었다.

　소년이 느긋하게 쉬던 어느 날이었다. 소년은 예전처럼 바닷가의 동굴 입구를 서성이고 있었다. 그때였다. 불현듯 동굴의 지도가 마음속에 그림처럼 떠오르는 것이었다. 소년은 마음속에 떠오르는 그림을 모래사장에 그려 보았다. 하지만 파도가 밀려오면서 그림이 지워졌다. 소년은 안타까웠다. 그리고 또 시간이 흘러 소년의 마음속에 또 다른 그림이 보였다. 소년은 이번에는 미리 준비해 둔 종이에 기록했다. 소년이 종이에 기록할수록 또 다른 동굴 지도가 샘솟듯이 떠올랐다. 그렇게 떠오른 지도들은 전에 소년이 읽었던 책에서는 결코 볼 수 없었던 그림이었다. 그것은 책들에서 다룬 동굴 지도들이 연결된 새로운 지도였다.

　그래서 소년은 그 누구보다 더 동굴 속에 대해서 잘 알게 되었다.　소년은 동굴 속을 더 깊게, 더 오래 탐험하고도 살아서 돌아 올 수 있었다. 그때마다 소년은 진주를 몇 개씩 찾아 돌아왔다. 소년은 진주를 팔아 부자가 되었다. 섬에서 가장 큰 부자가 되었고, 섬 밖에서도 소문난 부자가 되었다.

　그래도 소년은 그것으로 만족하지 않았다. 소년은 이제 진주조개를 잡아 많은 사람들에게 진주를 나눠 주는 것을 목표로 삼았다. 소년은 다시 열심히 책을 읽고, 그려두었던 동굴 지도 그림도 다시 살폈다. 그러면서 소년은 점점 더 동굴에 대해서 많은 걸 알게 되었다.

　오랜 세월이 흘러 소년은 노인이 되었다. 이제 소년은 더 이상 소년이 아니었지만, 사람들은 그를 여전히 소년이라고 불렀고, 그의 마음 또한 여전한 소년이었다. 하지만 그의 몸은 소년이 아니었다. 그래서 그는 더 이상 동굴을 직접 돌아다닐 수 없었다. 하지만 그가 가르쳐주는 동굴의 길에 대한 이야기를 들으려고 많은 사람들이 찾아왔고, 그는 존경받는 사람이 되었다. 그리고 그가 무슨 말을 하든지 사람들은 그의 말을 따랐다. 그래서 그는 섬에서 가장 권위 있는 사람이 되었다.

소년이 죽기 전에 진주조개를 잡았는지, 그렇지 못했는지는 알려져 있지 않다. 다만 섬사람들이 소년과 더불어 행복하게 살았으며, 소년이 진주를 팔아 섬사람들을 부자가 되게 했다는 것만 전해온다.

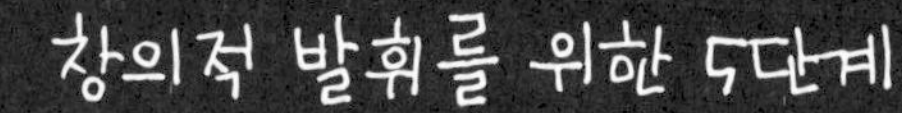

창의적 발휘를 위한 5단계

창의력 발휘를 위한 5단계

민수는 태진이 책을 읽는 동안 조용히 태진의 표정을 바라보았다. 그러나 태진은 비유만으로는 창의력의 비밀을 알아내기 힘들다는 표정이었다. 다만 이야기의 줄거리를 이해는 한다는 표정이었다. 민수는 태진이 읽기를 마치자 한 가지 질문을 던졌다.

"형님도 소년처럼 진주를 마음껏 찾아내어 부자가 되고 싶으시죠?"

"물론, 그렇지. 부끄러운 이야기지만 민수를 만나기 전까지만 해도 죽을 생각도 했었으니까. 지금 내게는 무엇보다도 돈이 필요해. 아니 돈을 만들어 줄 아이디어가 필요하다고 해야겠지."

"형님, 바로 소년이 찾은 진주가 그런 아이디어를 상징하는 것입니다."

"그래? 그런데 소년이 진주를 찾은 것은 그저 책을 읽어서인 것인데, 너무 순진한 생각 아닌가?"

"그럴까요? 뭐, 그렇게 생각할 수도 있겠지요. 하지만 저는 분명히 형님이 생각하지 못한 아이디어를 생각해 내었습니다. 교만한 말 같지만……. 실상, 저는 자료를 읽은 시간을 제외한다면 1분 만에 '몰입하여 체험하는 초등학교용 영어 게임 컨테이너'라는 개념을 생각해 내었고, 또 그것을 10분 만에 완전한 사업 기획서 수준으로 표현해 내었습니다. 이전에도 저는 많은 아이디어를 만들어 내었고, 또 앞으로도 언제든 만들어 낼 수 있습니다. 다소 자기자랑 같기는 하지만 어쨌든 아이디어를 내는 일에는 자신이 있습니다. 그런 제가 확신을 가지고 주장하는 소리라면 한 번쯤 귀를 기울여 볼 필요는 있지 않겠습니까?"

"그래? 그러지 뭐. 그런데 우선 민수가 평소에 어떻게 아이디어를 내는지에 대해서 좀 듣고 싶은데. 그래야 나도 민수 이야기에 더 귀를 기울일 것 아닌가?"

태진의 부탁에 민수는 헛기침을 한 번 하여 목소리를 가다듬고는 자신이 아이디어를 내는 과정을 차분히 설명하기 시작했다.

문제를 파악하고,
그 문제를 풀어야 한다는 사실에 몰입하라

"형님, 제가 들려드린 미로 이야기에서 소년은 먼저 진주조개를 찾겠다는 뚜렷한 목표를 지녔죠?"

"그랬지."

"그런데 만약 소년에게 이런 목표 의식이 없었다면 소년이 동굴을 찾아들어갔을까요?"

"당연히 그렇게 하지 않았겠지."

"바로 그것처럼 목표를 지니는 것이 창의력을 발휘하는 출발점입니다. 목표란 이상과 현실 사이의 어떤 지점이고, 또 달성해야 할 목표와 현실의 차이를 문제로 본다면 문제를 명확히 아는 것이 바로 아이디어를 내는 일의 시작이라고 할 수 있습니다."

민수의 말을 듣고 태진은 수첩에 '목표 - 현실=문제'라고 적어 보았다. 그리고 또 '목표 인식=동기 유발을 위한 강력한 에너지'라는 식으로 나름대로 이해한 점을 정리하여 두었다. 그러고는 그 기록을 민수에게 살짝 보이며 말을 걸었다.

"흠, 그렇군. 문제를 풀려 하지 않는다면 문제는 절대로 풀리지 않는다는 이야기군."

"예, 그렇습니다. 그것을 학자들은 '동기 부여'니 '목표 의식'이니 '문제 인식'이니 하는 다양한 말로 부릅니다. 그런 호칭이 중요한 것은 아니고 무엇보다도 문제가 무엇인가를 제대로 아는 것이 중요합니다."

"내 경우라면 어땠을까?"

"형님의 문제는 바로 자금이 돌지 않는다는 것이었죠. 영업이 안 되니 매출도 없고 수익도 없어서, 투자자를 설득할 수도 없었고 운영자금을 조달할 수도 없었죠. 그때 저는 형님의 문제가 바로 '자금난의 해결'이라고 생각했습니다. 그리고 저는 '자금난의 해결'이라는 문제를 해결하기 위한 해법을 찾기 시작한 것이죠."

민수는 그리고 이런 말도 하였다.

"저는 그 문제를 해결해야겠다고 결심했습니다. 왜냐하면 그것이 형님을 위하는 길이었거든요. 그게 저에게는 또 다른 동기가 된 것이죠."

"흠, 스스로 동기를 부여한 것이군. 어쨌든 고마워. 나를 위해서 그렇게 신경 써 줘서."

"별말씀을요. 제가 형님께 받은 도움에 비한다면……. 각설하고 문제를 알아야 문제를 풀겠다는 동기나 의지도 생기는 것입니다. 그래서 문제를 제대로 아는 것이 무척이나 중요한 것이죠."

"흠, 그렇군. 하지만 나도 문제가 무엇인지는 처절할 정도로 느끼고 있었는데 나는 왜 민수처럼 아이디어를 내기 힘들었지?"

"문제를 인식하는 것은 첫 걸음일 따름이니까요."

이렇게 말하고는 민수가 갑자기 심리학적인 이야기를 꺼내었다.

"형님, 우리는 평소에 의식이 깨어 있는 상태에서 많은 생각을 합니다. 하지만 그것 못지않게 스스로 의식하지 않은 두뇌활동도 아주 많이 이루어집니다."

"음, 의식과 무의식을 말하는 건가?"

"예, 우리의 의식은 빙산 중에 바다 위로 노출된 부분과 같아서 우리 두뇌 능력의 아주 작은 부분만을 사용합니다. 실상 두뇌 활동 중의 많은 부분이 의식하지 않고, 그러니까 무의식적으로 이루어지지요."

"그런데 그게 창의력과 무슨 상관이 있지?"

"아주 큰 상관이 있습니다. 거대한 항공모함을 생각해보십시오. 항공모함의 함교에 있는 사령관은 의식이라고 할 수 있습니다. 그리고 그 사령관 밑에서 일하는 엄청난 수의 부하들, 그리고 기계 장비들, 무기들은 모두 무의식이라고 할 수 있습니다. 실상 능력의 크기로만 치면 무의식이 더 큰 능력을 지니고 있습니다. 다만 이 무의식은 잠자는 코끼리와 같아서 의식이 명령하지 않으면 일을 잘 하지 않는다는 단점이 있습니다. 마치 명령을 듣지 못하는 군대와도 같은 것이죠."

"오, 그래? 그럼 창의력을 발휘하는 데에도 무의식을 활용할 수 있을까?"

"제가 지금 말씀드리려는 것이 바로 그것입니다. 문제가 무엇인지를 의식적으로 알아냈다면, 그 문제를 풀라고 무의식에 명령해야 합니다.”

“어떻게?”

“마음속으로 다짐하면 됩니다. ‘나는 지금 이러저러한 문제를 풀어야 한다.’라고 말이죠. 또는 ‘나는 지금 어떠어떠한 문제에 직면해 있다. 여기에 대한 적절한 해결책을 찾게 되었으면 좋겠다.’라고 말이죠. 이런 식으로 무의식에 명령을 내리면, 무의식은 마치 미사일처럼 작동합니다.”

“미사일처럼?”

“예, 이것을 다룬 분야가 ‘사이버네틱스’라고 하는 신경과학의 한 분야입니다. 이 학문은 1940년대에 신경과학을 중심으로 제어공학, 생물학, 심리학 등 다양한 학문의 학제 간 연구로 시작되었습니다. 주로 되먹임 작용이 있는 생물이나 기계의 제어방식에 관심을 두고 있기도 하지요. 사이버네틱스의 연구에 의하면 우리의 무의식은 유도미사일과 같아서, 한 번 목표를 정해주면 그 목표를 향해 끊임없이 방향을 수정하며 접근합니다. 그래서 의식이 문제를 인식하고 무의식에 문제를 풀라고 명령하면, 무의식은 그 문제를 해결하기 위한 모든 능력을 발휘합니다."

"어떻게?"

"예를 들면, 갑자기 어딘가로 가고 싶어진다든가, 어떤 일을 하고 싶어진다든가, 갑자기 불안해져서 무엇인가를 뒤져 보아야겠다는 느낌으로 의식에 정보를 알려옵니다. 또 의식이 알아차리지 못하는 사이에 본능과 기억 속에 기록된 모든 자료와, 또 모든 감각으로 들어오는 모든 정보를 활용해서 문제에 대한 해결책을 찾기 시작합니다."

"오호, 그래?"

"예, 그렇습니다. 제 창의력의 큰 비밀 중에 하나는 바로 이 무의식을 적극적으로 활용하는 것입니다. 즉 저는 어떤 문제를 의식적으로 인식한 다음에는, 무의

식에 '문제에 대한 해결책이 필요하다.'라고 명령합
니다. 마음속에 다짐하는 식으로 말이죠."

"아하! 바로 그것이 비밀의 열쇠였군."

"아닙니다. 열쇠는 몇 개가 더 있습니다. 하지만
'의식과 무의식을 동시에 활용해 창의력을 발휘한
다.'라는 생각. 이 점이 중요한 부분이기는 합니다."

여기까지 말한 민수는 자신의 말을 정리하듯이 요
점만을 적어 태진에게 보여주었다.

1분 창의력 발휘, 1단계

- 문제의 이해 -

의식을 사용해 문제를 제대로 인식하고,
마음속으로 다짐하는 방식을 통해
무의식에 그 문제를 풀어야만 한다고 알려라.

문제풀이에 필요한 개념을 있는 대로 다 모아라

"형님, 어떤 면에서 아이디어를 낸다는 것, 즉 창의력을 발휘한다는 것은 수학 문제를 푸는 것과 비슷합니다."

"어떤 면에서?"

"수학 문제를 풀 때는 우선 문제를 이해해야 하고, 다음에는 문제를 풀기 위해서 적용할 공식이나 원리 또는 해법이 있는지를 생각해야 합니다."

"그거야 물론 그렇지. 그래서 공식 외우느라고 먹지까지 만들고는 했잖아."

"그랬죠. 다만 창의력을 발휘할 때에는 언제든지 공식 책을 들춰볼 수 있다는 점이 다른 점이죠."

"그럼, 수학 문제를 풀기보다 쉽겠네?"

"그렇습니다. 흔히 '오픈북(open book)'이라고 하죠? 아예 책 펴놓고 시험 보는 것 말입니다. 아이디어를 내는 것도 마찬가지입니다. 수학 문제를 풀 때에는 필요한 기존 공식이나 해법 또는 개념과 원리를 최대한 기억해 두고 있어야 합니다. 반면에 아이디어를 낼 때에는, 책을 갖다 놓고 푸는 것처럼, 필요한 자료를 언제 어디서든 찾아볼 수 있다는 점에서 수학 문제 풀이보다 쉽다고 할 수 있습니다."

민수가 여기까지 말하자, 태진은 뭔가 혼돈스러운 것을 정리하고 넘어가야 한다는 생각이 들었다.

"그러니까, 민수 말은 1단계로는 문제를 인식하고,

2단계로는 문제를 푸는 데 필요한 자료를 수집하라 이거지?"

"예, 그렇습니다. 자료를 수집해서, 문제 풀이에 필요한 모든 공식과 해법을 있는 대로 다 알아두는 것입니다."

"나의 경우에 빗댄다면?"

"형님은 '자금 경색' 문제를 지니고 있었고, 저는 그 문제의 해법을 발견하기 위해서 형님이 설명하는 모든 상황들을 두 시간 동안 조용히 경청하였고, 또 다시 약 두 시간 동안에 걸쳐서 자료들을 최대한 읽고 마음속에 유념해 두었습니다. '이 자료들이 문제 해결에 필요한 것들이다.'라고 마음속으로 생각하면서 말이죠. 또 제가 전부터 알고 있었던 턴키방식이니 하는 여러 가지 해법들을 떠올려 보았습니다. 그렇게 저는 문제 풀이에 필요한 최대한의 자료를 제 머리 속에 입력하고 있었던 것입니다."

“그래?”

태진은 민수의 말을 들으며 어떤 면에서 민수의 머리는 컴퓨터와 같은 것인지도 모른다는 생각이 들었다. 그리고 감탄하듯이 민수를 바라보았다. 태진의 시선에 민수는 겸연쩍은 표정을 지으며 말을 이었다.

“형님, 혹시 조각 그림 맞추기 좋아하세요? 퍼즐 말이에요.”

“아, 퍼즐? 20대 때는 거기에 푹 빠져 살았지. 천 개짜리 퍼즐도 맞추곤 했다니까. 한 일주일 동안 고민했을 걸?”

“우리가 문제 해결을 위해 사용하는 자료들은 바로 이 퍼즐과 같은 것입니다. 정확하게 말하면 그 자료들 속에 있는 여러 가지 지식들이 바로 조각 그림인 셈이죠.”

“그렇다면 그 조각 그림들을 최대한 모으라는 이야기인가? 그림이 나오게? 하지만 한 조각이라도 없으면 그림이 나오지 않을 텐데?”

태진이 이렇게 지적하자 민수는 비유를 잘못 들었다고 생각하며 다른 비유를 들어보였다.

“형님, 그러면 조립완구 아시죠? 왜 우리가 흔히 레고나 블록이라고 불렀던 것 말입니다.”

“아, 그래. 아주 잘 알지. 내 아들 놈이 얼마나 좋아하는데. 나도 꽤나 도움을 주지. 블록을 가지고 비행기도 만들어 보고, 배도 만들어 보고 말이야. 그런데 신기한 건 블록은 몇 종류가 되지 않는데도 거의 무한정한 모양으로 조립할 수 있더란 말이지.”

“바로 그겁니다. 사실 창의력이 뛰어나다고 알려진 사람들은 한결같이 ‘아이디어란 개념을 조합하는 것이다.’라고 말합니다. 다시 말해서 개념이라는 조각을 조립해 내는 능력이 창의력이라는 말입니다. 그런데 조각이 적으면 만들 수 있는 것이 몇 개 되지 않지만, 조각이 많으면 만들 수 있는 것이 아주 많아지죠. 그것과 마찬가지로 우리가 지식이나 개념을 많이 알면 알수록 더 많은 아이디어를 조립해 낼 수 있습니다."

"오, 신선한 비유인데? 결국 창의력이란 조각 맞추기와 다를 바가 없는 것이다? 그때 사용하는 조각은 일종의 지식이나 개념이라는 말이지?"

"예, 그렇습니다. 흔히 발명기법이라고 알려진 것들은 이런 조각 맞추기, 즉 개념을 조합하는 것을 의식적으로 할 수 있게 하는 수단이라고 볼 수 있습니다. 그런데 우리의 무의식은 이런 개념을 자동으로 조합해 냅니다. 아까도 말씀드렸듯이 문제를 해결하라고 명령하면, 엄청난 능력을 지닌 군대에 비유할 수 있는 무의식이 머릿속에 저장된 개념들을 가져다가 비행기도 만들고 배도 만들어 내는 것입니다."

민수가 이렇게 말했지만 그래도 태진은 뭔가 이해가 되지 않는 눈치였다.

"이해는 되는데, 뭔가 구체적으로 이야기를 좀 해

주면 좋겠는데.”

“제가 형님의 문제를 해결하기 위해서 제일 먼저 한 일은 형님 회사의 자료들을 보는 것이었습니다. 그런데 그 자료들 속에서 저는 몇 가지 개념을 발견했습니다. 즉, ‘영어 게임 소프트웨어’, ‘인터넷을 통한 교육’, ‘수주 후 개발’, ‘성인 대상 교육’이라는 개념과 같은 것 말입니다.

만약 제가 이 개념들을 알지 못했다면 적절한 해결책을 발견하기 어려웠을 것입니다. 하지만 저는 이 개념들을 제 마음속에 넣으며 그것을 활용해 아이디어를 내야 한다고 무의식에 명령하였습니다.

그러자 무의식은 제 머릿속에 기억되어 있던 ‘턴키 방식의 공급’, ‘몰입 교육’, ‘초등학교 영어 교육의 사회 문제화’와 같은 개념들을 끄집어내어 함께 결합시켰습니다. 그러고는 ‘초등학교 영어 몰입 교육을 위한 대안으로 몰입형 체험 영어 게임을 컨테이너 속에 구현하여 턴키방식으로 공급한다.'라는 새로운 개념을 의식으로 떠올려준 겁니다. 제가 자료를 다 읽고 난 후에 긴장을 풀고 1분 정도 잠시 호흡을 가다듬는 사이에 말이죠."

"와, 대단한데? 그러니까 개념이 풍부할수록 문제를 해결할 가능성이 높아진다는 말이네? 왜냐하면 그만큼 무의식이 사용할 자료가 많아질 테니까 말이야."

"그렇습니다. 저는 이것을 '조각 맞추기 이론'이라고 부릅니다. 미로 이야기에 빗댄다면 조각난 동굴 지도를 최대한 많이 얻어야 더 큰 지도를 만들 수 있는 것과 같습니다. 그렇게 큰 지도가 만들어져야 미로 속을 헤치고 나갈 수 있는 더 많은 길이 발견되는 법이니까요. 미로와 진주라는 이야기 속에서 책에 기록된 지도는 개념이나 지식에 비유한 것이고, 미로를 헤쳐 나가는 길은 문제에 대한 해결책을 비유한 것입니다."

　태진은 민수가 비유를 들어 쉽게 설명하자 그때에서야 이해한다는 듯이 짧은 신음을 내고는 몸을 뒤로 젖혔다. 그런데 이번에는 민수가 다소 철학적인 이야기를 하였다.

　"형님, 동굴을 이루는 골목 하나하나를 관념(idea), 즉 가장 기본적인 생각이라고 본다면 그 길로 이루어진 하나의 구역을 개념(concept)이라고 볼 수 있습니다. 또 더 이상 쪼갤 수 없는 조각 하나하나를 관념이라고 본다면, 그 조각을 조립해서 뭉친 덩어리 하나하나는 개념이라고 할 수 있습니다. 또 덩어리끼리 뭉친 것도 개념이라고 볼 수 있지요."

　"관념과 개념? 조금 철학적인 소리이군."

　"쉽게 말해서 사과, 배, 복숭아하면 떠오르는 우리의 생각은 관념이고, 이것들을 통틀어서 과일이라고 말할 때 과일은 개념이 되는 것입니다. 마찬가지로 토끼, 개, 닭에 대해서 우리 마음속에 바로 떠오르는

생각이 관념이고 그것을 통틀어서 부르는 가축에 대
한 생각은 개념이지요. 또 개념과 개념이 모여서 또
다른 개념을 만들기도 합니다. 예를 들면 가축이라는
개념과 야수라는 개념을 합해서 짐승이라고 부르죠.
또 동물이라는 개념과 식물이라는 개념을 합해서 생
물이라고 부르고요.”

　민수가 이렇게 관념과 개념의 차이에 대해서 설명
하자 태진은 왜 그렇게 까다롭게 접근해야 하는지 의
문스러웠다. 그때 민수가 다시 말을 이었다.

　“미로 같은 동굴에 대해서 밝혀진 부분은 우리 마
음속에서 알려진 개념 즉 지식과 같은 것입니다. 이
런 개념과 개념을 연결하면 새로운 개념을 만들어 낼
수 있습니다. 즉 새로운 해법이나 개념 또는 지식을
만들어 낼 수 있다는 말입니다. 이렇게 새로 만들어
진 생각들을 통틀어 아이디어라고 부르죠. 마치 조각
난 지도를 서로 짜 맞추면 새롭게 길이 보이는 것과

마찬가지입니다.”

“그러니까 민수 말은 문제에 대한 해결책, 다시 말해서 아이디어를 낸다고 하는 것은 이런 관념이나 개념을 조합하는 것이라는 말인가?”

“예, 그렇습니다. 예를 들어서 형님은 ‘성인용 영어 소프트웨어 공급’이라는 개념만을 가지고 사업을 했지만, 저는 여기에 ‘턴키방식’과 ‘초등학생’ 그리고 ‘체험’이라는 개념을 더해서 ‘턴키방식으로 초등학생용 영어 체험 놀이 환경을 공급한다.’는 새로운 개념을 조합해 내었습니다. 이것이 일종의 아이디어이고 새로운 해결책이 되는 셈이지요.”

태진은 비로소 개념이 왜 중요한지를 깨달았다. 그리고 자기 나름의 생각을 전했다.

“결국 2단계에서는 자료를 수집한 후에 중요한 점들을 개념의 형태로 기억하라는 이야기군. 머릿속에 개념이 많이 채워져 있을수록 더 많은 개념들을 조합해 낼 수 있을 테니까. 개념을 많이 조합한다는 것은 새로운 해결책이나 아이디어를 많이 낸다는 말과도 같은 것이니까."

"그렇습니다. 제가 말하려던 것이 바로 그것입니다. 제가 '훈련만 된다면 1분 만에도 아이디어를 낼 수 있다.'고 말하면 사람들은 잘 믿지 않지만, 실제로 충분한 개념이 있고 그 개념들을 조합하는 훈련을 거듭하면 1분 만에도 아이디어를 낼 수 있습니다."

"오호, 그래? 그렇다면 나는 아직 개념도 덜 채워져 있고, 훈련도 덜 되어 있는 셈인가?"

"솔직히 말하면 그렇습니다."

이렇게 말한 민수는 잠시 후회를 했다. 상대방의 자존심을 배려하지 않고 고압적인 자세로 가르치려드는 자신을 발견했기 때문이다. 하지만 이미 여기까지 온 것, 끝까지 밀어붙여야겠다는 생각이 들었다. 그래서 자신의 건방이 태진에게 약이 된다면 그것으로 그만이라는 생각이었다. 민수는 목소리에 더 힘을 넣어 말을 이었다.

"형님은 최소한 영어 소프트웨어 개발에 대한 개념은 있지만, 다양한 사업 방식에 대한 개념은 없습니다. 그러니까 기술자로서는 훌륭한 아이디어를 낼 수는 있겠지만 사업가로서는 훌륭한 아이디어를 내기 힘들다는 것입니다. 그러니 지금부터라도 더 다양한 개념을 채우도록 노력해야 합니다."

"어떻게 하면 그렇게 할 수 있을까?"

"그 점에 대해서는 조금 있다가 다시 말씀 드리겠습니다."

민수가 한 호흡을 가다듬기 위해 물을 한 잔 마시고는 다시 말을 이었다.

"제가 앞에서 공군조종사들의 생존 이야기를 했는데, 만약 그 조종사들이 생존에 대한 사전지식을 갖추지 않았더라면 생존을 위한 창의력을 발휘하기 어려웠을 것입니다. 거꾸로 자연환경이나 인간의 심리, 그리고 자신을 수색하는 적군의 수색 방식에 대해서 더 많이 이해하고 있었다면 생존에 대한 더 다양한 아이디어를 낼 수 있었을 것입니다."

"당연히 그랬겠지. 어떤 분야에 대한 지식이나 개념 없이는 그 분야에 대한 아이디어를 내기가 불가능한 법이니까."

"세계적인 영웅들이나 참모들을 생각해보십시오. 간단한 예로 이순신 장군이나 제갈공명의 뛰어난 지략은 그들이 평소에 엄청난 분량의 책을 읽고 거기서 알게 된 개념들을 내재화했기 때문에 나온 것입니다. 그 책 속에서 얻은 지식과 개념들이 위기의 순간마다 조합이 되며 새롭고 참신한 전략들로 만들어진 것이지요. 그래서 독서가 힘이 되는 것이고, 지식 있는 자가 강한 것입니다. 창의력을 발휘할 밑바탕이 넓다는 말이거든요.”

“그렇군.”

“그리고 이 단계에서 무엇보다 중요한 것은 모은 자료와 개념들이 문제 해결에 사용될 재료라는 것을 마음속에 다짐하는 식으로 무의식에 알린다.”

“음…….”

태진은 이번에는 비교적 긴 감탄사를 내보냈다. 민수는 그런 태진을 보며 또 하나의 문장을 적어 보았다.

1분 창의력 발휘, 2단계

- 자료의 숙지 -

사용 가능한 자료를 최대한 조사하여
요점을 개념 중심으로 기억하고,
개념끼리 다양하게 조합해 본다.

해결책을 끈질기게 탐색하라

"형님, 궁하면 통한다는 말이 있죠?"

"궁즉통(窮卽通)이라는 한자성어를 말하는 건가?"

"예, 그렇습니다."

"만약, 형님이 미로 속에서 진주를 찾는 소년이 되었다고 생각해보세요. 그렇다면 형님은 형님의 힘이 닿는 데까지 진주를 찾아다니지 않겠습니까?"

"그거야 물론이지."

"마찬가지로 의식적인 노력으로 해결책을 찾기 위해서 최선을 다해야 진주 같은 아이디어를 얻을 수 있을 것입니다."

"그거야 당연한 거 아닌가? 문제를 제대로 이해하고, 문제를 푸는데 필요한 지식과 개념과 원리와 공식을 충분히 알았다면, 문제를 풀기 위해 머리를 싸매겠지. 그건 수학 문제를 풀 때 쓰는 방식이기도 하고 말이야."

"그렇죠? 수학 문제를 푸는 경우에 모든 방법을 써서 문제를 풀려고 노력할 것입니다. 그런데 왜 사람들은 아이디어를 내는 일에는 그런 식으로 접근하지 않는지 궁금합니다."

"그런 식으로 접근하지 않는다고?"

"예, 많은 사람들이 문제에 대한 해결책, 즉 아이디어를 내기 위해서 도전해보다가는 쉽게 포기하고 맙니다. 문제가 풀리기도 전에 정답이 없다고 생각하는 것이죠."

"음, 그런가?"

"예, 최소한 제가 지켜본 사람들 중에 많은 이들이 그런 태도를 보였습니다. 조금 도전해보다가 아이디어가 떠오르지 않으면 곧 포기를 하고는 말았습니다."

"끈기 있게 도전하라는 말인가?"

"예, 끈기 있게 도전해야 합니다. 몸과 마음이 지칠 때까지 말입니다. 그래야만 합니다."

"왜 그래야만 하지?"

"우리 두뇌는 의식에서 해결하지 못할 수준의 문제 상황이 되면 그 문제를 무의식으로 넘겨버립니다. 의식이 주로 논리적인 해결책을 찾는 반면에, 무의식은 직관적으로 해결책을 마련해 냅니다. 우리가 흔히 영감이라고 불리는 것은 무의식에서 제시하는 해결책입니다. 이 의식과 무의식에서는 각각 좌뇌와 우뇌가 중요한 역할을 합니다."

"오호, 그러니까 의식이 도저히 처리하지 못할 상황까지 몰고 가라는 소리군. 아주 열심히 집중해서 논리적으로 해결책을 찾다보면 좌뇌가 피곤해져서 일을 무의식의 많은 부분을 관장하는 우뇌로 넘긴다는 말이지?"

"예, 그렇습니다. 그렇기 때문에 정신을 집중해서 도저히 자신의 힘으로는 풀지 못할 상황까지 해결책을 탐구해야만 합니다."

"그런데 의식적으로 문제에 대한 해결책을 찾다가 아이디어를 발견하게 되는 경우도 있지 않을까?"

"예, 있습니다. 지금 말씀 드린 것이 세 번째 단계인데, 보통 세 번째 단계에서도 많은 아이디어가 나오고는 합니다. 영감이 떠오르기 전에 문제에 대한 답을 찾는 경우도 있다는 말입니다. 수학 문제처럼 논리적인 해결책이 필요한 경우라든가, 기타 간단한 문제에 대한 아이디어는 대개 이 수준에서도 찾아낼

수 있습니다. 하지만, 어려운 문제라든가 논리적으로
는 설명이 불가능한 문제, 기존 지식으로는 해결할
수 없는 문제들은 대개 이 세 번째 단계를 지나 네 번
째 단계까지 넘어가야 합니다."

"네 번째 단계?"

"네 번째 단계는 숙성 단계입니다. 이것에 대해서
는 조금 있다 설명하겠습니다. 일단 세 번째 단계의
요점을 정리해보겠습니다."

그러고는 민수가 종이에 간단한 문장을 적어 태진
에게 보여주었다.

1분 창의력 발휘, 3단계

- 끈기 있는 탐색 -

"이렇게 하면 되지 않을까?",
"저렇게 하면 되지 않을까?"라고 끝없이
개념을 조합해보며 의식이 피곤할 정도로
해결책을 탐구한다.

무의식 속에서 숙성될 시간을 마련하라

"형님, 무의식의 많은 부분을 관장하는 우리 우뇌는 말입니다, 문제에 몰두하고 있을 때에는 일을 안 합니다. 오히려 다소 여유를 가지고 몸과 마음을 쉬게 할 때 적극적으로 일을 하기 시작합니다. 쉬는 시간이나 잠자는 시간에 오히려 일을 더 많이 한다는 말입니다."

"오? 그래? 고놈 참 재밌는 놈일세."

"그래서 보통 우리가 잠을 자는 동안 또는 문제에서 벗어나 산책을 하는 동안에 불현듯 영감 같은 것이 떠오르기도 하는 것입니다. 그것은 바로 그 순간에 우뇌가 활동하여 해결책을 마련해 주었다는 것을 의미합니다."

"흠, 아이디어를 잘 내려면 잘 쉬는 것도 매우 중요하군."

"예. 그렇기는 한데요, 무작정 쉬기만 해서는 안 됩니다."

"그럼, 어떻게 쉬어야 하지?"

"앞에서도 말씀드렸지만 다소 피로할 정도로 생각을 깊이 하며 해결책을 적극적으로 탐색한 뒤에 쉬어야 합니다. 그래야 우뇌가 일을 하기 시작합니다. 우뇌는 우리가 1단계부터 3단계까지 이르는 단계들에서 준비해 준 문제 상황에 대한 정보, 개념, 그리고 의식적으로 찾아본 여러 가지 해결책들을 모두 활용해서 답을 만들어 내기 시작합니다."

"음, 그래서 많은 사람들이 꿈을 꾸거나, 산책을 하거나, 심지어는 목욕탕에서마저 아이디어를 얻어내게 되는구나."

"그렇습니다."

"그런데 민수는 1분 만에도 아이디어를 낼 수 있지 않은가?"

"그렇습니다만 그렇게 하려면 제가 설명하는 1단계부터 5단계까지를 거치며 아이디어 내기를 많이 해보아야 합니다. 숙달이 되면 저처럼 순식간에 무의식의 도움을 받을 수 있습니다. 설혹 무의식의 도움을 받지 않더라도 웬만한 아이디어는 3단계에서 조합해 낼 수 있게 되지요."

"그것 참, 진즉에 이런 방법을 알았더라면 나도 민수처럼 되었을 것인데."

태진은 쓸쓸한 입맛을 다셨다. 만약 민수가 가르쳐

준 방법을 미리 알았더라면 죽음까지 생각하지는 않

았을 것이라고 생각했다.

1분 창의력 발휘, 4단계

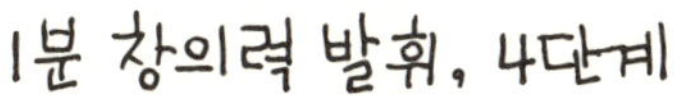

- 휴식을 통한 숙성 -

의식적인 노력을 할 만큼 했다면,
그때부터 문제에 대한 생각을 떨쳐 버리고
몸과 마음을 충분히 쉬게 하라.

생각나는 대로 모든 아이디어를 적어라

"일단 숙성 기간이 지나면 우뇌는 그것이 해결되었다는 것을 번뜩임으로 알려줍니다. 어느 순간 '아하!'하며 감탄할 정도로 아이디어가 나오게 되지요."

"정말, 그럴까?"

"항상 그렇다고는 할 수 없지만 대체로 그렇습니다. 그런데 그런 체험을 하려면 조건이 있습니다."

"조건? 그게 뭔데?"

"그게 무엇이든 생각나는 대로 바로바로 적는 것입니다."

"아이디어가 떠오른 대로?"

"예, 우리의 두뇌는 샘과 같아서 아이디어를 퍼 올릴수록 더 많은 아이디어를 내줍니다. 그런데 아이디어가 떠올랐을 때 그것을 무시해버리면 아이디어는 잘 떠오르지 않게 되지요."

"흠, 두뇌도 근육과 비슷한 것인가? 사용할수록 더 발달하는 식으로 말이야."

"그런 비유도 적절합니다."

"그러니까 어쨌든 기록을 하라는 이야기이군."

"아이디어를 잘 내는 사람치고 기록을 하지 않는 사람이 드물다고 봅니다. 저 또한 늘 수첩을 지니고 다니면서 무엇이든 생각나는 대로 적습니다. 그래서 끊이지 않고 아이디어가 흘러나오는 편입니다."

"나도 지금부터 수첩을 지니고 다녀야겠군."

"기왕이면 자유롭게 기입할 수 있는 수첩이 좋습니다. 줄이 그어져 있지 않다면 더욱 좋고요."

"그래, 한 번 구해보지. 그런데 그렇게 떠오른 아이디어가 마음에 들지 않으면 어떡하지?"

"그럴 때는 일단 3단계 끈기 있는 탐색부터 다시 시작해보세요. 하지만 그것으로도 적절한 아이디어가 나오지 않으면 2단계 자료의 숙지부터 다시 시작하세요. 그래도 아이디어가 나오지 않을 때에는 문제에 대한 정의가 잘못되어 있을 수도 있으니 그럴 때에는 처음부터, 그러니까 1단계 문제의 이해부터 다시 시작하면 됩니다."

"흠, 그러니까 잘 안되더라도 순환하듯이 거듭 시도하라는 이야기군."

"예, 그렇습니다."

민수는 이렇게 말하고 또 요점을 종이에 적어 보였다.

1분 창의력 발휘, 5단계

- 발상의 표현 -

새로운 발상이 떠오르는 대로
놓치지 말고 기록하고, 구현하여 보라.
만약 그 발상이
적절한 해결책이 아니라고 생각되면
이전 단계로 돌아가 다시 시도한다.

1분 창의력을 위해 평소에 할 일들

1분 창의력을 위해 평소에 할 일들

여기까지 말한 민수는 태진의 표정을 살폈다. 5단
계 과정을 제대로 이해했는지를 가늠하기 위해서였
다. 태진은 자기 나름대로 이해한 듯 했다. 하지만 조
금 더 정리를 해줬으면 하는 눈치였다.

"형님, 지금까지 설명한 1분 창의력의 원리를 다시
정리하면 이렇습니다."

그러면서 민수는 또 다시 종이에 무언가를 적기 시

작했다. 태진은 민수가 적는 것을 유심히 살폈다.

"1분 창의력을 위한 다섯 단계는 종이에 적은 것처럼 첫째 문제의 이해, 둘째 자료의 숙지, 셋째 끈기 있는 탐색, 넷째 휴식을 통한 숙성, 다섯째 발상의 표현으로 나누어 볼 수 있습니다. 이 다섯 단계를 이용해 아이디어 내기를 많이 연습하여 숙달이 되면 1분 만에도 아이디어를 낼 수 있게 될 것입니다."

"그렇긴 한데 이 다섯 단계가 다른 발상 기법과 특별히 다른 점이 뭐지?"

"제가 앞에서도 이야기하였지만, 이 다섯 단계의 각 단계마다 의식과 무의식을 구분해서 모두 활용하도록 하였다는 점이 특별합니다. 그리고 ……."

"그리고 또?"

"무엇보다도 창의력의 발휘, 다시 말해서 참신한 발상을 하기 위해서 개념을 충분히 습득하도록 강조하는 점에서 그렇습니다. 개념은 이미 비유한 대로

미로의 일부분을 밝힌 지도와 같고, 또는 몇 개의 조
각으로 이루어진 조각 덩어리와 같은 것입니다. 그리
고 또……."

"그리고 또?"

"바로 그렇게 아이디어라는 것을 관념이나 개념이
조합된 것으로 봄으로써, 1분 만에도 창의력을 발휘
할 수 있도록 하기 위해 평소에 반드시 훈련해 두어
야 할 것을 밝혔다는 점입니다."

"평소에 반드시 훈련해야 할 것? 그게 뭐지?"

첫째 조건 많이 안다

태진의 질문에 민수는 첫 번째 조건을 설명하였다.

"그건 나뭇조각이나 플라스틱 조각으로 어떤 물건을 만들 때에 적용되는 원리와 똑같습니다. 다양한 모습을 지닌 조각이 많을수록 무엇인가를 만들기가 쉽겠지요. 마찬가지로 풍부한 개념을 준비해 둘수록 개념 조합 즉 새로운 아이디어를 만들기가 쉽습니다.

그러니까 개념을 충분히 알고 있는 사람은 아이디어를 빨리 낼 수 있다는 말입니다. 풍성한 개념은 경험이나 독서 또는 교육을 통해서 얻을 수 있습니다. 쉽게 말하면 많이 배워 많이 알수록 좋다는 말입니다. 기왕이면 다양한 분야를 넓게 알면 더욱 좋고요. 그럴수록 다양한 형태의 조각을 더 많이 확보하게 되는 셈이죠."

"오, 그렇겠군."

"그것이 1분 창의력을 위해 평소에 할 일 중의 첫째입니다. 흔히 아이디어가 풍부한 기획자들이 독서와 산보 그리고 여행을 좋아하는 이유가 여기에 있습니다. 그런 것을 통해서 기획자들은 더 많은 개념을 확보하려고 하는 것이죠. 물론 그 사람들은 그것을 원리적으로 설명하지는 못하고, 경험칙에 비추어 그렇게 하는 것이 아이디어를 내는 데에 도움이 된다는 것을 알았을 뿐이기는 하지만요."

민수가 이렇게 말하자, 이번에는 태진이 종이를 꺼
내어 요점을 적었다.

1분 창의력 발휘를 위해 평소에 할 일,
하나

- 다식(多識) -

많이 배우고 읽고 경험하여
풍성한 개념을 확보해 두라.

둘째 조건 많이 조합한다

태진이 종이에 적은 것을 보고 다시 민수가 말을
이었다.

"형님, 제가 조각 맞추기로 비유를 했는데 말입니다.
조각 맞추기도 자주 해보면 실력이 늘지 않습니까?"

"그거야 그렇지."

"마찬가지입니다. 아이디어라는 것은 개념과 관념

을 조합하여 만들어낸 새로운 개념이라고 볼 수 있습니다. 이것은 마치 관념이라는 조각과 또 그 조각으로 뭉친 개념이라는 덩어리를 모아 무언가 새로운 덩어리를 만들어 내는 것에 비유할 수 있습니다. 그러니까 조각 맞추기도 자주 하면 실력이 늘 듯이, 개념과 관념을 조합하여 새로운 개념을 만들어 내는 것도 자꾸 하다보면 실력이 늘어난다 이 말입니다.”

“아하, 그래? 아들놈도 처음에는 조각 맞추기를 잘 못해서 간단한 것도 못 만들더군. 그런데 자꾸 해보면서 간단한 비행기 정도는 순식간에 만들더라고. 마치 그런 원리와 같다는 것이군.”

“그렇습니다. 어린아이들은 조각을 가지고 놀지만, 어른들은 개념을 가지고 노는 것이 다를 뿐이죠.”

“재밌네. 결국 아이디어를 내는 것도 놀이처럼 즐길 수 있다는 말인가?”

“그럼요. 에디슨이나 다빈치를 생각해보세요. 그

사람들이 재미가 없었다면 그렇게 많은 발명을 했겠습니까? 발명을 취미로 가지는 사람들도 사실은 개념이라는 조각을 쌓는 놀이를 하는 것이라고 볼 수 있습니다.”

“정말 흥미로운 가설이군. 하지만 일리가 있는 것 같아. 그러니까 민수의 말은 일단 개념을 다양하게 조합해보라는 말이군.”

“예, 여러 가지 개념을 이리 저리 맞추어 보라는 것입니다. 생각으로 개념을 조립할 수 있습니다. 그러니 생각 즉 사고는 개념을 조립하는 손에 해당한다고 보면 됩니다. 그러니 많이 생각하여야 하죠. 손을 부지런히 놀려야 하듯이 말입니다.”

민수가 여기까지 말하자, 태진은 또 종이 한 장을 꺼내어 커다란 글씨로 요점을 정리하였다.

1분 창의력 발휘를 위해 평소에 할 일, 둘

- 다조(多組) -

많이 생각하여

개념을 다양하게 조합하여 보라.

셋째 조건 많이 표현한다

그리고 이번에는 태진이 먼저 질문을 했다.

"1분 창의력을 발휘하기 위한 또 다른 조건은 없을
까? 그러니까 창의력을 키우되, 순간적으로도 아이디
어를 내는 그런 능력을 키우기 위한 조건 말이야."

"아직도 한 가지가 남아 있습니다."

"그래, 그게 뭐지?"

“우선 제가 형님에게 써 주었던 한 쪽짜리 기획서를 다시 한 번 보시겠습니까?”

민수의 말에 태진이 가방 속에 소중히 넣어 두었던 기획서를 펼쳐 보였다. 민수의 손 기운이 아직 따뜻하게 남아 있는 듯 했다.

“이것은 왜?”

“제가 초등학교용 영어 몰입 체험 환경이라고 하는 발상을 했다고 할지라도, 그것을 표현할 줄 모르면 어떻게 되었을까요?”

“그거야 그냥 아이디어로 그쳤겠지.”

“바로 그것입니다. 아이디어는 가공되지 않은 원료와 같습니다. 미로 이야기에 비유를 해볼까요. 소년이 미로에서 길을 발견했다고 해도 그 길을 걷지 않는다면 얻어지는 것은 아무 것도 없습니다. 그렇죠?”

“물론, 그렇지.”

“아이디어도 마찬가지입니다. 아이디어를 내는 것

은 문제에 대한 해결책을 생각해내는 것이고, 길을 발견하는 것이라고 할 수 있습니다. 하지만 그것이 표현되지 않으면 아무런 소용이 없습니다. 그저 생각으로 그치고 마는 것이죠. 하지만 그것이 그림이나 설계도로든, 글이나 논문으로든, 모형이나 실물로든 표현이 될 때 아이디어는 비로소 현실화되는 것입니다."

"맞는 말이기는 한데, 아이디어를 글로 쓰지 못할 사람이 있을까?"

"그렇지 않습니다. 형님은 형님의 생각을 글로 다 표현할 수 있습니까?"

"음, 사실 나 같이 글을 쓰는 것을 싫어하는 사람에게는 좀 곤란한 일이지."

"그것과 마찬가지입니다. 제가 영어 체험 놀이 환경을 단 10여 분만에 한 장의 기획서로 쓸 수 있었던 것은 제가 아이디어를 표현하기 위한 훈련을 많이 했기 때문입니다. 또 제 생각을 글이나 말로 알아듣기 쉽게 표현하는 것도 훈련된 결과입니다."

"그래, 그렇다면 아이디어를 표현하기 위한 방법으로 어떤 것이 있을까?"

"아주 다양합니다. 어떤 사람은 간단한 속사 그러니까 스케치를 하기도 하고, 어떤 사람은 도형으로 그려내기도 하고, 어떤 사람은 글로 쓰기도 합니다. 또 어떤 사람은 사업기획서의 형태로 아이디어를 표현하기도 합니다. 또 어떤 사람은 모형이나 실물을 바로 제작하기도 하지요. 어쨌든 더 많은 표현 수단을 알고 있다면 아이디어를 표현하기가 더 쉬워집니다. 저 같은 경우에는 도형이나 도표 그리고 글과 기획서의 형태로는 아이디어를 잘 표현하지만, 그림으로는 잘 표현하지 못하고 있습니다. 그러다보니 그림 형태로 떠오른 아이디어를 제대로 표현해내지 못해 그것을 잃어버리고는 합니다. 그래서 저도 시간이 되면 미술 학원이나 만화 학원이라도 다녀볼 생각입니다."

"그래? 어쨌든 민수는 기획서 형태로 아이디어를 표현하는 방식에는 익숙한가 보군?"

"그렇습니다. 제가 기획서를 써 본 것이 천 번도 넘을 테니까요. 그러다보니 이제는 기획서의 틀이 마음속에 기억되어 있어서, 종이 한 장만 있으면 간단한 기획서를 바로 쓰는 데까지 이르렀습니다."

"음, 1분 창의력을 지닌다는 것이 쉬우면서도 어려운 일이군. 일단 창의력을 발휘하는 것은 쉽겠지만, 아이디어를 빨리 내고 또 제대로 표현하려면 꽤나 많은 훈련을 해야 할 것 같네."

"그것을 부인하지는 않겠습니다. 하지만 일단 훈련이 되기만 하면 아이디어를 내는 능력이 쉽게 없어지지 않습니다. 운전에 숙달된 사람은 한동안 운전을 하지 않더라도 곧 다시 운전대를 잡고 능숙하게 운전할 수 있는 것과 같은 원리입니다."

"그러니까 창의력을 발휘하는 능력을 키우기 위해

서나 아이디어를 빨리 만들어 내는 능력을 지니기 위
해서는 표현 방식을 훈련하는 일을 게을리 하지 말라
이거군.”

“예.”

민수의 대답이 끝나기가 무섭게 태진이 다시 요점
을 정리하였다.

1분 창의력 발휘를 위해 평소에 할 일,
셋

- 다현(多現) -

아이디어를 다양한 방법으로
많이 표현해 보라.

생존과 성장

창의 경영

"형님, 제가 지금까지 설명한 것은 사람이 할 수 있는 일을 설명한 것입니다. 하지만 사람이 할 수 없는 일도 분명히 존재합니다. 말로는 다 설명할 수는 없지만, 분명히 노력만으로 얻을 수 없는 어떤 것들이 필요합니다. 예를 들면 분별력, 이해력, 호기심, 슬기와 같은 것들 말입니다. 이것을 한마디로 말하면 지혜라고 할 수 있습니다."

"흠, 지혜도 어느 정도까지는 노력으로 얻을 수 있지 않나?"

"예, 분명히 노력도 필요합니다. 하지만 노력보다도 중요한 것은 열망이라고 봅니다. 원하는 자가 갖게 되는 것이 진리이니까 말입니다. 간절한 기도로 지혜를 구하십시오."

"민수가 그렇게 추상적이고 형이상학적인 말을 할 줄은 몰랐는데?"

"예, 그렇기는 하지만 분명히 우리가 합리적으로 이해하기 힘든 영역이 존재합니다. 저는 그것을 체험과 느낌으로 알고 있지만 그것을 인간의 언어로 표현하기는 힘듭니다. 바람을 볼 수는 없지만 분명히 바람은 존재하고, 사랑을 말로 다 표현할 수 없지만 사랑이 분명히 존재하는 것처럼 말입니다."

여기까지 말한 민수는 조금 더 이해하기 쉽게 말해야겠다고 생각했다.

　“카리스마라는 말은 은혜 또는 호의라는 뜻을 지닌 ‘카리스(charis)’에서 파생된 말입니다. 누군가에게 카리스마가 있다고 한다면, 그에게는 신으로부터 부여된 재능이나 지혜가 있다고 말하는 것과 같은 것이지요. 이와 같이 사람의 노력 외에 분명히 주어지는 어떤 것이 있습니다.

　한마디로 창의력의 최고봉이라고 할 수 있는 지혜는 사람이 스스로 갖추고 싶다고 갖추어지는 것이 아니라고 봅니다. 저는 지혜란 하나님이 주시는 것이라고 믿습니다. 어쨌든 제 생각에는 창의력의 최고봉에 오르려면 반드시 갖추어야 할 것이 지혜라고 봅니다. 저도 물론 다 갖춘 것은 아니지만 말입니다. 그래서 저도 조심스럽게 그런 것들을 얻기 위해서 노력하자고 제안 드릴 따름입니다.”

　“그래, 알았어. 일단은 민수가 가르쳐준 다섯 가지 단계와 세 가지 조건에 따라 훈련하는 것부터 시작하

고, 훈련하면서 분별력과 슬기를 얻으려고 노력해보
도록 할게.”

“감사합니다. 이해해주셔서.”

“감사는 무슨. 내가 오히려 감사하지.”

“하하하, 형님도 참. 아무튼 저는 오늘 기분이 좋습
니다.”

“그래 나도 기분이 좋군.”

그렇게 둘은 마음에서 한 가지 짐을 덜어버릴 수
있었다.

태진은 그날 이후로 직원들과 함께 민수가 가르쳐
준 것들을 연습하였다. 그 연습을 시작하던 날 태진
은 직원들에게 이렇게 말하였다.

“여러분, 우리는 지금 백척간두에 서 있습니다. 하
지만 저는 두렵지 않습니다. 그곳으로부터 안전한 평
야지대, 우리가 원하는 곡식과 물이 풍성한 안전지대

로 옮겨 가는 방법을 알았기 때문입니다. 그 방법은 바로 창의력입니다.

그래서 저는 오늘부터 독서 경영, 지식 경영, 창의 경영을 선언합니다. 창의력은 풍성한 관념과 개념을 밑바탕으로 해서 성장합니다. 관념과 개념은 곧 지식입니다. 지식은 독서를 통해서 얻을 수 있습니다. 그래서 독서 경영, 지식 경영, 창의 경영을 내세운 것입니다.

창의력이 생존력입니다. 창의력이 성장의 원동력입니다. 우리가 위기에 봉착한 것도 창의력이 없어서였다고 볼 수 있습니다.

이제 우리에게는 낭떠러지를 건널 때 쓸 사다리 하나가 주어졌습니다. 제가 아끼는 후배가 가르쳐 준 창의력 발휘를 위한 5단계 이론과 창의력 발휘 속도 향상을 위한 세 가지 훈련 지침이 그것입니다.

우리는 오늘부터 이 이론과 지침을 가지고 1분 창

의력 발휘를 목표로 한 훈련에 돌입할 것입니다. 우
리는 창의력의 최고봉을 향하여 이제 출발하기 시작
한 것입니다."

창의적 자금 조달

태진은 이렇게 말하는 것으로 독서 경영, 지식 경영, 창의 경영을 시작하였다. 태진 자신도 스스로 창의적인 문제 해결을 위해서 애를 썼다.

"우선, 내가 할 일은 민수가 준 컨테이너 영어 교실이라는 사업 아이디어를 구현해 내는 것인데 말이야⋯⋯."

태진은 이렇게 생각하면서, 초등학교 영어 시장에

대한 최대한의 자료를 수집하여 읽었다. 그러자 전에는 보이지 않던 것들, 전에는 떠올리지 못했던 생각들이 나타났다.

"음, 생각보다 초등학교 영어 시장이 넓구나. 나는 왜 기업을 대상으로 한 영어 교육용 기능성 게임에만 집착했을까? 정말 민수 말대로 개념이 넓어지니까 새로운 길이 보이는구나. 그리고 어디 보자. 그래, 컨테이너 안에다 다양한 게임 장치를 설치해야 하겠구나. 영어 문제를 틀리면 귀신 인형이 나타나게 하고, 맞으면 사탕이 나오게 하면 좋을 것 같아."

태진은 민수가 가르쳐 준 창의력 발휘의 다섯 단계와, 창의력 발휘를 위해서 평소에 해야 할 일 세 가지 일에 힘쓰면서 컨테이너 영어 교실을 제대로 된 상품으로 만들고자 애를 썼다.

그러나 문제는 자본이었다. 당장 직원들의 월급을 주기도 빠듯한 상황에서, 새로운 상품을 개발한다는 것이 쉽지 않았다. 그때, 민수가 "자본을 구하거나 설득하는 일에도 창의력을 발휘해보라."고 말한 것이 생각났다.

"그래, 자본을 구하는 데에도 창의력이 필요하다 이거지. 그렇다면 나는 지금까지 어떻게 자본을 구하려 했을까?"

태진은 자신이 지금까지 한 일을 돌이켜 보았다. 그가 한 일이라고는 그저 은행에 가서 대출을 받고자 했을 따름이었다. 태진은 민수가 가르쳐 준 대로 창의력을 발휘해보기로 하였다. 우선 먼저 흔히 '펀딩'이라고 부르는 자금 조달에 관한 최대한의 자료를 수집해서 읽어 보았다. 은행을 통한 대출, 정부 정책 자금 활용, 중소기업 지원 자금 활용, 사채 시장을 통한 조달 등, 태진이 알아볼 수 있는 모든 자료를 수집해서 읽었다. 한편으로는 자신의 문제를 명확히 정의했다.

"지금 나의 문제는 자본 조달이야. 아니, 더 정확하

게 정의하자면 초등학생들을 위한 컨테이너 영어 교
실의 상품화를 위한 자본 조달이야. 수치적으로 이야
기하자면 약 2억 원 내외의 자금이 필요하겠군."

그가 이렇게 목표를 뚜렷이 하고, 현실과의 차이를
가늠해보자, 문제 또한 명확해졌다. 그리고 문제 해
결을 위해 수집할 수 있는 모든 자료 또한 수집하고,
학습해 둔 상태였다. 이미 태진의 머릿속에는 자금
조달과 관련된 개념들이 충분히 존재했다.

이제 태진이 할 일은 해법을 찾는 일이었다. 태진
은 민수가 가르쳐 준 대로 처음에는 의식적인 노력
을 기울여서 해법을 찾으려고 애를 썼다. 몇 가지 자
금 조달에 관한 방법이 보이기는 하였지만, 썩 마음
에 들지 않았다. 그렇게 일주일 정도를 매달려 노력
했지만, 태진이 보기에 확실하다고 여길만한 아이디
어가 떠오르지 않았다. 태진은 그렇게 의식적으로 노
력을 계속하면서, 무의식에 '나는 지금 자금 조달에

관한 최적의 해법을 찾아야만 한다.'고 다짐하는 식으로 명령을 내렸다. 태진은 그 방법 또한 민수가 가르쳐 준 것임을 잘 알고 있었다. 정말 이 방법이 효과가 있는지 확인해보고도 싶었다.

　태진이 다소 지쳐갈 무렵이었다. 여느 때처럼 직장에서 돌아와 몸을 씻고 있을 때였다. 자금 조달에 관한 생각을 잊고 그저 몸을 씻는 일에만 집중할 때였다. 불현듯 그의 머릿속으로 어떤 영감 같은 것이 스쳐 지나갔다. 태진은 그것을 잡아내려 애를 썼다. 그러자 좋은 아이디어, 마치 사라져 버릴 것만 같았던 아이디어를 다시 잡아낼 수 있었다. 그것은 기술 보증 기금을 활용하자는 것이었다. 기술 보증을 받으면, 그것을 바탕으로 은행으로부터 대출을 받을 수 있을 뿐만 아니라, 기술에 대한 확실한 인정을 여러 기관으로부터 받을 수 있겠다는 생각이었다. 그러면 정책 자금을 지원 받을 수도 있다는 생각이 들었다.

태진은 몸을 대충 씻고는 얼른 책상으로 달려가 아이디어를 기록하여 두었다.

한편으로는 다음 날부터 태진은 기술 보증을 받기 위해서, 자신의 기술에 관한 설명서를 충실히 작성하였다. 물론 설명서를 작성하는 과정에서도 직원들의 창의력을 최대한 활용하였다. 정형화된 신청서 양식으로 작성했을 뿐만 아니라, 남들과는 달리 독창적인 기술 보증 심사 신청용 보조 자료도 따로 만들었다. 그리고 끈기를 발휘하여 마침내 기술 보증을 받아 내었다.

기술 보증을 받아 내고는, 은행 대출과 정책 자금 조달을 위해서 또 다른 제안서도 만들었다. 기술 보증을 받을 때에 쓴 기능성 게임 기술 외에, 초등학생을 위한 영어 학습 컨테이너라고 하는 사업에 대한 제안서를 정성껏 만들었다.

그렇게 하여 은행에서 추가 대출을 받을 수 있었지

만, 정책 자금 조달만은 쉽지 않았다.

"사장님, 이것은 단지 기술 보증만으로 해결할 일이 아닙니다."

"아니, 기술 보증이 필요적 요건이 아니었습니까? 그리고 저희가 아직 대출 여력이 남아 있는 것도 아시지 않습니까?"

"이미 말씀 드렸지만, 벌써 금년도 자금 집행이 다 끝났습니다. 내년에나 가서 다시 한 번 협의하시죠."

태진은 문제를 해결해 가는 과정에서 또 다른 문제가 나타난다는 것을 새삼 느꼈다. 창의력이 만능열쇠는 아니었다. 시기나 우연과 같이 자신이 통제할 수 없고, 해결할 수 없는 문제가 분명히 존재했다. 그렇지만 태진은 바로 그러한 문제가 아니라면 창의력이 도움이 될 것이라고 생각했다. 그래서 이번에도 창의력을 발휘해보기로 하였다.

창의적 영업

"자, 일단 잠시 동안의 운용 자금으로 쓸 만한 자금을 조달해 두었는데 말이야. 아직도 나에게는 문제가 남아 있는 셈이야."

그는 민수가 가르쳐 준 대로 목표를 다시 한 번 명확하게 그려 보았다. 그가 당면한 목표는 컨테이너 영어 교실을 상품화하는 것이었다. 그리고 현상은 상품화하는 데 필요한 개발 자금이 충분하지 않다는 것이었다. 기술 보증을 받아 은행에서 대출을 받음으로 써 약간의 운전 자금을 확보하였지만, 그것으로 충분 하지는 않았다.

"그래, 지금 나의 문제는 목표에서 현상을 뺀 나머 지, 그러니까 상품 개발을 해야 하는데 자금이 모자 라 조달해야 한다는 것이군. 그렇다면 이 문제를 어 떻게 해결할 수 있을까?"

그는 직원들과 회의를 해보았다. 그러나 딱히 좋은 해결책이라고 할 만한 것이 나오지 않았다. 태진은 민수가 가르쳐준 창의력 발휘 방법을 써보라면서 직 원들을 독려했다. 그리고 문제에 대한 해결책을 기획 안이나 구두로 제시해 주는 직원에게는 보상이 있을 것이라고 알려주었다.

직원들 또한 태진과 마찬가지로 의식적인 노력을 기울여 자금 조달에 관한 자료들을 최대한 찾아 읽었 다. 또 한편으로는 무의식에 '자금 조달에 관한 좋은 아이디어가 필요하다.'고 다짐하는 식으로 지시를 내렸다. 그러고 나서 며칠이 지났을 때였다. 아침 회의에서 평소에 태진이 눈여겨보던 한 직원이 손을 들어 발언권을 얻더니 한 가지 아이디어를 제시했다.

"사장님, 우리가 반드시 상품을 개발한 다음에 영업해야만 하는 것은 아니지 않습니까? 상품을 개발하기 전이라도, 기술은 있으니까, 그 기술을 바탕으로 청사진을 그려 내는 것입니다. 그리고 그 청사진을 가지고 영업을 할 수 있을 것입니다. 마치 아파트 건설 업체들이 청사진을 가지고 분양을 해서 사업 자금을 조달하는 것처럼 말입니다. 일종의 '프로젝트 파이낸싱(project financing)'을 하자는 것입니다. 그러니까 초등학교를 대상으로 영업을 하고, 계약을 따낸 다음에, 계약을 바탕으로 대출을 받으면 되지 않겠습니까? 그리고 나중에 중도금과 잔금을 받아서 대출금을 갚으면 될 테고 말입니다."

직원은 아파트 분양에 기반을 둔 사업 자금 조달, 일명 프로젝트 파이낸싱이라는 개념을 컨테이너 영어 교실 사업이라는 개념에다 덧붙여 새로운 아이디어를 만들어 내었다. 태진은 직원의 아이디어가 기존의 개념을 조합한 것이라는 것을 직감적으로 알아채었다. 과연 민수의 말대로 아이디어라는 것은 관념이나 개념의 조합인 것 같았다. 특히 전혀 색다른 분야의 개념을 접목시킬 때에 그 아이디어가 더욱 빛나 보인다는 것을 새삼 깨달았다.

'대단하군. 누가 시스템 통합 사업에 프로젝트 파이낸싱이라는 개념을 도입할 생각을 했을까?'

태진은 새삼 감탄하였다. 그리고 프로젝트 파이낸싱이 가능한지를 타진해보았다. 이런 저런 은행에 문의도 해보았다. 가능성이 보였다. 태진의 회사는 즉시 사업 방향을 틀었다. 상품 개발을 완료하고 나서 영업을 하는 것이 아니라, 영업을 해서 계약을 해 놓고 상품을 개발하는 방식으로 사업을 전개하였다. 과연 직원의 말대로 몇 건의 계약이 이루어지고, 그 계약을 바탕으로 은행과 대출 협상을 벌이자 은행 직원의 태도가 달라졌다. 오히려 투자자를 주선해주겠다는 말까지 나왔다. 또 몇 건의 계약을 실적으로 삼아 새로운 계약을 하기도 더 쉬워졌다. 이것도 "사장님, 우리가 이미 계약한 실적을 제안서에 다소 크게 노출시키는 것이 어떨까요?"라고 말한 어떤 직원의 창의적인 아이디어 때문에 가능했다.

그렇게 풍성한 자금을 조달한 덕분에, 첫 상품을 처음 계획했던 것보다 훨씬 좋은 품질로 개발해 낼 수가 있었다.

"자, 자. 첫 번째 프로젝트가 중요해. 입소문이 나야 한다고. 자금 걱정은 하지 마. 대신에 각 초등학교에서 상품도 보지 않은 상태에서 계약을 해주면서 우리에게 준 신뢰에 보답해야 해. 초등학교들이 기대한 것 이상으로 좋은 교실을 열어 주어야 해.”

태진은 이렇게 직원들을 독려하였다.

창의적 불만처리

그렇게 태진이 컨테이너를 이용한 체험 영어 교실을 상품화한 뒤였다. 컨테이너의 안전 문제가 제기되었다. 비좁은 컨테이너에서 불이라도 난다면 큰일이라는 것이었다. 어느 초등학교 교사가 그런 글을 회사 홈페이지에 올렸다. 태진은 그 글을 보는 순간에 아차 싶었다. 태진은 어떻게 하면 그 문제를 해결할 수 있을까를 고민해보았다. 그러나 아무리 생각에 생각을 더해보아도 딱히 좋은 수가 나지 않았다. 소화기를 비치하는 방법을 생각해보았지만, 불을 끄기에는 빈약했다. 소화전을 컨테이너 주변에 설치하는 방법도 생각해보았지만 운동장 여기저기로 쉽게 이동할 수 있어야 하는 컨테이너의 특성상, 그것 또한 좋은 방법이 아니었다.

"역시 창의력에는 한계가 있는 것인가?"

태진은 이렇게 자문해보았다. 하지만 태진의 생각과 달리 창의적 생각이 떠오르지 않는 것은 어찌 보면 당연한 일이었다. 태진에게는 해법의 단초를 제공할 개념이 없었다. 태진은 뒤늦게 자신이 의식적인 노력을 기울여 최대한의 개념을 확보해야 하는 데도 불구하고 그러지 않았음을 깨달았다.

태진은 다시 한 번 직원들에게 민수가 가르쳐 준 5단계 해법을 적용해보자고 하였다. 그동안 직원들은 민수가 가르쳐 준 대로 창의력을 높이기 위한 평소에 할 일 세 가지, 즉 다식·다조·다현 훈련을 꾸준히 해왔기 때문에 창의력이 예전과 달랐다. 그래서 태진은 직원들이 좋은 아이디어를 낼 수 있으리라는 생각이었다.

직원들이 바로 모여서 회의를 시작하였다. 그들은 먼저 화재와 관련한 모든 자료를 취득하여 섭렵하여 보았다. 그리고 민수가 가르쳐 준 5단계를 따라서 문제를 해결하려고 하였다. 그러나 좋은 아이디어가 떠오르지 않았다. 태진이 민수를 불러 도움을 구하였다. 그러자 민수는 이렇게 말했다.

"아직 여러분에게는 문제를 해결하는 데에 필수적인 단초 즉, 아이디어를 내기 위해서 조합할 만한 소재가 되는 개념이 충분하지 않은 것 같습니다. 제가 가르쳐준 5단계를 따라서 문제를 해결하려고 하는 데에도 아이디어가 떠오르지 않을 때에는 처음부터 다시 반복해보는 것이 좋습니다. 즉, 목표를 새롭게 정하거나, 아니면 현상을 다시 제대로 인식하거나, 또는 목표와 현상의 차이인 문제를 다시 규정하여 보는 것이 좋습니다. 그렇게 해서 다시 5단계를 거쳐 보세요. 그래도 문제가 안 풀리면 이번에는 개념을 확장해보세요. 전혀 색다른 개념일수록 더욱 좋습니다. 컨테이너 화재에 대비한 아이디어를 발상하기 위해서 반드시 화재에 대한 개념만을 탑재해야 한다고 생각하지 마시고, 화재 외의 다양한 소재를 찾아보세요."

민수의 말을 들은 태진과 직원들은 화재 외의 다양한 소재를 얻기 위해서 노력하기로 하였다. 그러던 어느 날이었다. 태진은 평상시와 다를 바 없이 길을 걷고 있었다. 물론, 길을 걷기 전에도 문제를 해결하기 위한 아이디어가 필요하다고 무의식에 다짐을 해둔 상태였다. 그런데 그날따라 유난히 단독주택 위에 얹혀 있는 급수 장치가 눈에 띄었다. 노란색이나 파란색을 칠한 커다란 플라스틱 통이 눈에 띄었다. 태진은 이상하게 그쪽으로 마음이 가는 이유를 몰랐지만, 그저 무심히 그것을 바라보았다.

그날 밤이었다. 태진은 꿈을 꾸었다. 꿈속에서 태진은 컨테이너 위에 노란 급수 통이 놓여 있는 것을 보았다. 태진은 꿈에서 깨자, 그 꿈이 자신이 찾고 있던 해답이라는 것을 직감했다. 그리고 얼른 꿈에서 본 내용을 수첩에 기록해 두었다.

그러고는 회사에 출근하자마자 자신의 아이디어를 이야기하였다.

"꿈에서 본 그대로 컨테이너 위에 물통을 올려두면 어떨까요? 물론, 물통도 컨테이너처럼 이동이 가능해야 합니다. 그리고 컨테이너 화재를 진압하는 데에 필요할 정도로 물을 채울 수 있어야 합니다. 또, 화재경보기가 울리거나, 또는 교사가 비상 단추를 누르게 되면 물이 쏟아질 수 있게 해야 합니다."

그가 이렇게 말하자, 직원들이 그것은 촌스러운 아

이디어라든가, 기술적으로 구현하기 어렵다든가, 그 밖에 여러 가지 문제가 될 만한 것들이 많았다고들 하였다. 그러자 태진이 다소 큰 목소리로 말했다.

"여러분, 우리는 창의력을 내는 좋은 방법을 알았습니다. 하지만 여러분도 알고 있겠지만 아이디어를 사장시키기 시작하면 창의력의 싹도 죽고 맙니다. 어떻게든 만들어 봅시다. 석 달 드리겠습니다. 그때까지 나의 아이디어를 구현해 내도록 하세요."

다소 강압적인 지시였지만, 이렇게 하지 않으면 창의적 아이디어가 사장될 수 있다고 보았기 때문에 어쩔 수 없었다. 과연 태진의 기대대로 직원들은 불가능해보였던 문제를 해결해 내었다. 태진은 시제품이 만들어 지던 날 이렇게 말했다.

"잘하셨습니다. 하니까 되잖아요. 아이디어만으로는 부족합니다. 그것을 구현해 내고, 상품화하는 데에는 걸림돌이 하나 둘이 아닐 것입니다. 하지만 걸림돌이 있다고 해서 길을 걷지 않을 수는 없는 일 아니겠습니까? 걸림돌을 치우면서 길을 걸어야 아이디어가 살아나는 것이죠. 우리는 이제 걸림돌이 더 이상 문제가 되지 않는다는 것을 알았으니, 앞으로도 쭉 이렇게 나가 봅시다!"

창의적 개척

그렇게 컨테이너를 이용한 이동식 체험 영어 학습 방식이라는 것이 보급되자, 언론이 관심을 가지게 되었고, 이내 많은 학교들이 제안서를 보내 달라고 하였으며, 비교적 성공적인 결실을 거둘 수 있었다.

그러나 시장이 성숙해지자 경쟁업체들이 나타났고, 더 이상 공급할 곳이 없는 시장 포화 상태로 점점 변해가면서, 수익성 또한 나빠졌다.

하지만 태진은 두렵지 않았다. 그에게는 창의력이라는 무기가 있었다. 그리고 사업 초기와는 달리 지금은 어느 정도 축적해 둔 자본도 있었다.

"문제는 새로운 아이디어야. 새로운 시장을 발견해 내야하고, 새로운 제품을 개발해야 해. 시장을 어떻게 발견할 수 있을까?"

태진은 오랜 만에 민수를 불러 자문을 구했다.

"어떻게 하면 새로운 시장을 발견해 낼 수 있을까? 소위 말하는 '블루 오션' 말이야. 이미 컨테이너 영어 교실 시장은 포화 상태가 되었는데 말이지."

사실 태진으로서는 컨테이너 영어 교실에 대한 아이디어를 제공한 대가로 민수에게 상당한 보답을 하였다. 이번에도 그렇게 보답할 기회가 열리기를 바랐다. 그러나 민수는 이번에는 직접적인 아이디어를 제공하지는 않았다. 대신에 이렇게 말했다.

"형님 회사의 강점은 기능성 게임을 개발하는 데

에 있지 않습니까? 그렇다면 그런 강점을 다른 개념과 연결해보세요. 항상 하는 이야기지만 아이디어라는 것은 관념이나 개념을 새롭게 조합해 낸 것입니다. 이 점을 생각한다면, 새로운 시장을 발견하기 위해서 제일 먼저 무엇을 해야 할까요? 짐작하시겠지만 개념을 익히는 것입니다. 새로운 개념을 익히려면 독서를 하든지, 박람회 같은 곳에 가서 견문을 넓히든지 하셔야 합니다. 물론, 그전에 목표를 뚜렷이 하셔야 하지요. 형님의 지금의 목표는 성장일 테고, 현실은 정체이니, 문제는 '성장을 위한 신 시장 개척과 그것을 위한 사업 아이디어 또는 제품 아이디어를 얻는 것'이 될 테지요. 이와 같은 식으로 제가 알려드린 5단계를 진행해보세요. 때때로 무의식에다가 '나는 새로운 사업 아이디어가 필요하다'라고 말하면서 열심히 관련 자료를 뒤져 보세요. 창의력 발휘를 위한 5단계는 조그만 아이디어를 내는 일에도 적용이 가능

하지만, 회사 차원의 전략적 이동을 위한 아이디어를 내는 데에도 도움이 됩니다."

태진은 민수의 의견을 따라서 새로운 사업 기회를 발견하기 위해서 노력하였다. 그는 먼저 성장 목표를 뚜렷이 하였다. 앞으로 5년 안에 매출액을 세 배로 늘린다는 것이 그의 목표였다. 그리고 그것을 위한 사업 기회를 발견하는 것이 당면한 문제라고 생각하였다. 그가 이렇게 목표와 문제를 뚜렷이 하자, 그가 할 일 또한 뚜렷해졌다. 그는 각종 산업 박람회를 둘러보았다. 또 의외의 개념들이 독창적인 아이디어를 내는 데에 도움이 된다는 것을 알기 때문에 게임 외의 분야에 대해서도 관심을 가졌다.

그가 이렇게 노력하면서 때때로 가족 여행을 하고는 했었는데, 사업 아이디어가 떠오른 것은 그때였다. 휴가지에서 태진의 딸아이가 휴대전화기를 들고

음악을 듣고 있었고, 아들이 제 엄마의 전화기를 뺏어 들고는 게임을 즐겼다. 마침 무료하던 터라 태진도 게임이나 즐겨 보려고 휴대 전화를 꺼내 들었다. 그러나 그 전에 잠시 자신이 사업 아이디어를 찾고 있음을 무의식에 알렸다. 그리고 그가 게임을 막 시작하려고 할 때에 불현 듯 태진의 머릿속에서 새로운 개념이 떠올랐다. 그 개념은 '기능성 게임'이라는 개념에 '휴대 전화'라는 개념을 조합한 것으로 '휴대 전화를 이용한 기능성 게임'이라는 개념이었다. 태진은 무릎을 탁 치며 감탄했다.

"그래, 바로 이거야."

태진은 처음으로 1분 만에 창의력을 발휘한 자신이 대견스러웠다.

"야, 나도 이제 되네?"

"아빠, 뭐가 된다는 거예요?"

"어? 아, 민수 아저씨가 가르쳐준 방법으로 아이디

어를 내는 것 말이야. 내가 사업 아이디어가 필요하다고 잠시 생각하고는, 마음을 다른 데로 돌려서 게임을 하려고 하자마자 휴대전화를 보는 순간에 아이디어가 떠오른 거야. 그러니까 내가 평소에 '기능성 게임'이라는 개념을 갖추고 있다가, 전화기를 보면서 '휴대 전화'를 생각하게 되니까, 순식간에 그 두 개념이 조합되면서 '휴대 전화를 이용한 기능성 게임'이라는 아이디어가 떠오르더란 말이지."

"에이, 아빠, 어렵다."

"그래? 하지만 아빠는 쉬운 걸. 너도 민수 아저씨에게 체계적으로 배우면 나처럼 아이디어를 금방 낼 수 있을 걸?"

"아빠, 아직 나는 필요 없어요."

"그래, 그렇구나. 하지만 아빠는 우리 가족, 그리고 우리 회사 직원들을 위해서라도 늘 아이디어를 내야 한단다."

"그렇구나. 아빠가 자랑스러워요."

태진은 그렇게 아이들과 대화하는 중에 퍼뜩 깨달은 아이디어를 적고는, 대화가 끝나자 수첩의 나머지 여백에 아이디어를 구현하기 위한 방법들을 적어 보았다.

"흠, 그렇지. 그래. 휴대전화를 들고 다니면서 직무 능력 향상 게임을 해 볼 수도 있겠구나. 어쩌면 영어 학습도 이런 식으로 가능할지 몰라."

그리고 회사로 돌아와 직원들과 함께 아이디어를 더욱 구체화하였다. 그들은 오랜 토의 끝에 우선적으로 은행들을 영업 대상으로 한 직무능력 향상 게임을 만들기로 하였다. 그렇게 게임이 완성되자 영업을 개시하였고, 그 밖에 다양한 분야로 시장을 점차적으로 확대해 나갔다.

창의력과 생존

이와 같은 식으로 태진과 그의 직원들은 '1분 창의력' 기법, 곧 5단계의 창의력 발휘 과정을 훈련하고 적용시켜 나갔다. 자금 조달에, 제품 개발에, 고객 불만 처리에, 신 시장 개척에 적용하였을 뿐만 아니라 품질 관리 등의 다양한 분야에도 적용하였다. 이렇게 다양한 분야에 적용할 수 있었던 데에는 1분 창의력 기법이 어떠한 문제 상황에도 적용할 수 있는 것이기 때문이었다. 목표와 현실의 차이를 문제로 규정한다는 다소 범용적인 해법이었기 때문에, 어떤 분야든 목표가 뚜렷하면 곧 문제를 발견해 낼 수 있었고, 그렇게 발견한 문제를 창의력 발휘를 위한 5단계를 거쳐 해결할 수 있었다.

덕분에 태진의 회사는 생존 문제에 있어서 어느 정도 자유로울 수 있었다.

물론 태진도 느꼈지만, 창의력을 잘 발휘한다고 해서 만사형통이라고 할 수는 없었다. 좋은 아이디어가 있어도, 그것을 구체화하기 위해서는 자금부족이라든가 고정관념이라든가 무사안일이라든가 또는 복지부동과 같은 난관을 헤쳐야 했기 때문이다. 때로는 기술적으로나 사회적으로 또는 시기적으로 맞지 않아 실현을 보류해야만 한 아이디어도 많았다. 하지만 태진은 언제나 이렇게 생각하였다.

'비록 창의력이 만사형통을 가져다주는 열쇠는 아
니지만 창의적 문제 해결 능력이 있는 상태와 없는
상태의 생존력은 하늘과 땅 차이이다.'

CEO를 위한 진짜 몰입법

1분 창의력

초판 1쇄 인쇄 2010년 4월 12일
초판 1쇄 발행 2010년 4월 20일

지은이 우제용
펴낸이 김선식
펴낸곳 다산북스
출판등록 2005년 12월 23일 제313-2005-00277호

PD 이혜원
다산북스 박경순, 이혜원
저작권팀 이정순, 김미영
마케팅본부 민혜영, 이도은, 신현숙, 김하늘, 박고운, 권두리
홍보팀 정미진
광고팀 한보라, 박혜원
온라인마케팅팀 하미연, 이소중
디자인본부 최부돈, 손지영, 황정민, 조혜상, 김태수, 김희준
경영지원팀 김성자, 김미현, 유진희, 김유미, 정연주
미주사업팀 우재오, 에릭 짐머만
외부스태프 표지 · 본문 디자인 · 그림 공 존

주소 서울시 마포구 서교동 395-27
전화 02-702-1724(기획편집) 02-703-1725(마케팅) 02-704-1724(경영지원)
팩스 02-703-2219
이메일 dasanbooks@hanmail.net
홈페이지 www.dasanbooks.com

필름 출력 스크린그래픽센타
종이 신승지류유통(주)
인쇄 (주)현문
제본 (주)광성문화사

ISBN 978-89-6370-149-3 03320

1분 창의력